2152
2 B.

19674

L'ART
DES LETTRES
DE CHANGE,
SUIVANT L'USAGE DES PLUS
celebres places de l'Europe.

CONTENANT

Tous les droits & toutes les obligations des Tireurs, Donneurs de valeur, Endosseurs, Porteurs, Accepteurs,
& Payeurs de Lettres de change.

Avec l'application des Loix, des Ordonnances & des Reglemens.

ENSEMBLE

Les Questions les plus importantes qui n'ont point encore
esté traitées, & les Arrests les plus celebres
en cette matiere.

Ouvrage utile & necessaire, non seulement aux Negocians ; mais à
tous ceux qui ont à prendre ou à donner des Lettres de change,
singulierement à ceux qui en doivent connoître en matiere
contentieuse, soit pour en éclaircir les differens,
soit pour les juger.

Par M. JACQUES DU PUYS, S. E. L. S. A. E. P.

A PARIS,
Au PALAIS.

Chez
{
GUILLAUME DE LUYNES, Libraire Juré dans la
Salle des Merciers, sous la montée de la Cour
des Aydes, à la Justice.
ET
JEAN-BAPTISTE LANGLOIS, dans la grand'
Salle, vis-à-vis la Grand' Chambre, à l'Ange Gardien.

M. DC. LXXXXIII,
AVEC PRIVILEGE DU ROY.

PREFACE.

LE Negoce produit seul plus de procês que tous les autres actes de la vie civile ensemble : car il est certain que les Iuges & Consuls, & les autres Tribunaux du Commerce dans chaque Ville rendent plus de Iugemens que les Presidiaux qui y sont établis ; neanmoins la Iurisprudence du Commerce est fort incertaine dans le Royaume, & particulierement sur le fait des Lettres de change, qui en est la plus considerable partie, quoi-qu'il n'y ait presque personne qui ne prenne

â ij

PREFACE.

ou ne donne, n'envoye ou ne reçoive, ne paye ou n'exige le
payement des Lettres de change. Il semble que ce soit un my-
stere qui ne puisse être entendu
que par ceux qui en font profes-
sion, que l'on appelle communément Banquiers; car pour l'ordinaire lorsque l'appel en est aux
Parlemens, les Iuges deman-
dent l'avis des Negocians, de
qui le plus souvent ils reçoivent
moins d'éclaircissement que des
seules pieces du procés, parce
que ceux de qui l'on prend les
sentimens considerant l'affaire
par des vûës differentes, ou d'é-
galité d'interêt, ou d'acception
de personnes ou de Iustice, sont
souvent de contraire opinion,
appuyez respectivement sur des

PREFACE.

raisons vrayes ou apparentes,
dont les Magistrats ont peine à
faire le discernement. C'est faute de connoître la nature du contract des Lettres de change, &
de sçavoir les principes qu'il faut
suivre pour en décider les contestations ; cela vient de ce que
nos Iurisconsultes François ne
se sont pas appliquez à traiter
cette matiere, comme ils ont fait
toutes les autres qui font le sujet
des procés : Car encore que Me
Maréchal ait mis au jour en
1625. un Traité des Changes &
rechanges & banquerouttes,
remply de beaucoup de citations
des Loix & de Docteurs, il a si
peu parlé des Lettres de change
& avec si peu d'ordre, que l'on
voit bien qu'il n'a pas seulement

PREFACE.

connu la nature du contract
des Lettres de change. Clerac a
fait imprimer à Bordeaux en
1659. un autre Traité des Changes; mais il n'a pas mieux réüssi
que le premier. Enfin le Sieur
Iacques Savary a donné au public son Parfait Negociant,
dans lequel il a rapporté plusieurs Arrests & plusieurs questions de Lettres de change fort
utiles au public; mais comme il
n'a traité cette matiere qu'inci-
demment, s'il faut dire ainsi,
& qu'il n'a pas suivy toutes les
circonstances de la negociation
des Lettres de change, quoi-qu'il
ait incomparablement mieux
fait que ceux qui l'ont precedé,
il a encore laissé beaucoup à faire; c'est pourquoy encore qu'il

ait fait voir quel est le veritable esprit de l'Edit du commerce du mois de Mars 1673. qui est la Loy du Royaume pour la negociation des Lettres de change; neanmoins, comme cet Edit ne peut pas porter son autorité dans les pays étrangers, & qu'il ne contient des dispositions que pour les cas les plus ordinaires, l'on en voit tous les jours des nouveaux qui ne peuvent être décidez, par les termes de cet Edit, il faut avoir recours à d'autres moyens.

Ayant travaillé pour moy-même sur cette matiere avec application & succès, j'ay crû que le public me sçauroit quelque gré si je luy faisois part de mon travail, puisqu'il donne une par-

PREFACE.

faite connoiſſance de la nature
du contract des Lettres de change, & des principes pour en décider les queſtions.

L'on y trouvera toutes les plus
curieuſes remarques que l'on
peut deſirer dans le fait & dans
le Droit, & les propoſitions
ſont appuyées des Ordonnances,
des Loix, des Arreſts ou des ſen-
timens des Auteurs les plus celebres, particulierement des dé-
ciſions de la Rote de Gennes, &
de Sigiſmond Scaccia Iuriſcon-
ſulte Romain, qui a été Audi-
teur de Rote à Gennes, & dans
pluſieurs Villes conſiderables d'I-
talie; ce ſont les deux plus fa-
meux qui ayent traité des matieres de commerce, auſſi le Sieur
Bornier les a citez fort ſouvent

PREFACE.

dans sa Conference sur l'Edit de
reglement du commerce. Comme d'un côté rien n'est si incom-
mode qu'un Ouvrage entrecou-
pé de citations, particulierement
dans une matiere de commerce,
où ceux qui entendent bien le
fait, le plus souvent n'entendent
pas le Latin ; & que d'autre
côté c'est présumer de soy-même
d'en vouloir être crû sur sa pa-
role. J'ay paré à ces deux inconveniens, en faisant l'Ouvrage
d'un style suivy, comme si tout
ce que je propose étoit de moy-
même, & mettant toutes les citations fort fidellement à la marge, comme si j'étois obligé de
rapporter des garants de tout ce
que j'avance ; l'on verra par là
qu'encore que ce Traité soit com-

posé de plusieurs materiaux
étrangers, j'y ay pourtant beaucoup contribué du mien ; par l'ordre la dispositiõ, l'explication net-
te & intelligible des negociations
les plus obscures, & par l'application que j'ay fait à nôtre usage des Loix & des autoritez,
d'une maniere si naturelle, qu'il
semble que les passages soient
faits exprés. Enfin l'on ne croit
pas qu'il ait encore paru aucun
Ouvrage sur cette matiere, aussi
universel, aussi juste & aussi
solide que celuy-cy.

donner au public un Livre qu'il a composé intitulé *l'Art des Lettres de change, suivant l'usage des plus celebres places de l'Europe*, il Nous a fait supplier de luy en octroyer nos Lettres sur ce necessaires. A CES CAUSES, Voulant favorablement traiter ledit Exposant, Nous luy avons permis & octroyé, permettons & octroyons par ces presentes, de faire imprimer ledit Livre, par tel Libraire ou Imprimeur, & en tel volume, marges, caracteres, & autant de fois que bon luy semblera, pendant le temps de six années consecutives, à commencer du jour que ledit Livre sera achevé d'imprimer ; iceluy vendre & distribuer par tout nôtre Royaume : Faisons défenses à tous Imprimeurs, Libraires & autres d'imprimer, faire imprimer, vendre ny distribuer ledit Livre, sous quelque pretexte que ce soit, même d'impression étrangere & autrement, sans le consentement dud. Exposant ou de ses Ayans cause, sur peine de confiscation des exemplaires contrefaits, quinze cens livres d'amende, & de tous dépens, domma-

ges & interêts , à condition qu'il en
fera mis deux exemplaires en Nôtre
Bibliotheque publique, un en celle
de Nôtre Cabinet des Livres de Nôtre Château du Louvre, & un en celle
de Nôtre tres-cher & Feal le Sieur
Boucherat, Chevalier Chancelier de
France; comme aussi de faire imprimer ledit Livre sur de bon papier &
en beaux caracteres, suivant les Reglemens de la Librairie & Imprimerie des années 1618. & 1686. que
l'impression s'en fera dans Nôtre
Royaume, & non ailleurs; & de faire enregistrer ces presentes sur le Re-
gistre de la Communauté des Marchands Libraires & Imprimeurs de
Paris, le tout à peine de nullité des
presentes , du contenu desquelles
Vous mandons & enjoignons faire
joüir & user ledit Exposant pleine-
ment & paisiblement , cessant & faisant cesser tous troubles & empêche-
mens contraires, Voulant qu'en mettant au commencement ou à la fin dud.
Livre l'extrait des presentes , elles
soient tenuës pour dûëment signifiées,
& qu'aux copies collationnées par

l'un de nos Amez & Feaux Conseillers Secretaires foy soit ajoûtée comme à l'original. Mandons au premier Nôtre Huissier ou Sergent faire pour l'execution des presentes toutes significations, défenses, saisies & autres actes necessaires, sans demander autre permission : CAR tel est Nôtre plaisir. Donné à Paris le 28. Février, l'an de Grace 1690. Et de Nôtre Regne le quarante-septiéme. Signé par le Roy en son Conseil, BOUCHER, & scellé en queuë d'un grand Sceau de cire jaune ; & en marge est écrit.

Regîstré sur le Livre de la Communauté des Libraires & Imprimeurs de Paris le 18. Avril 1690. suivant l'Arrest du Parlement du 8. Avril 1683. & celuy du Conseil Privé de Sa Majesté du 27. Février 1665. Ledit Sieur du Puys sera averty que l'Edit de Sa Majesté du mois d'Aoust 1686. Concernant la Librairie & Imprimerie, & les Arrests de son Conseil, ordonnent que le debit des Livres se fera seulement par un Libraire ou un Imprimeur.
Signez P. TRABOÜILLET, *Ajoint.*

C. COIGNARD, *Ajoint.* ET P. AU-
BOÜIN, *Ajoint.*

Les Exemplaires ont été fournis.

Achevé d'imprimer le 17. Iuillet 1690.

A La Requeste de Maître Jacques
du Puys, Ecuyer Sieur de la
Serra, Avocat en Parlement, demeurant à Paris, ruë des Petits-Champs,
Parroiffe Saint Mederic, foit fignifié
à Meffieurs les Syndic & Ajoints des
Libraires & Imprimeurs de Paris,
dans la Chambre de la Communauté,
ruë & joignant l'Eglife des Mathu-
rins ; que ledit Sieur du Puys protefte de nullité de la claufe que lefdits
Sieurs Ajoints ont mis le 18. Avril
dernier dans l'enregiftrement du Privilege obtenu par ledit Sieur du Puys
le 28. Février dernier, pour l'impref-
fion, vente & diftribution du Livre
qu'il a compofé, intitulé *l'Art desLetrres
de change, fuivant l'ufage des plus celebres
places de l'Europe,* par laquelle claufe

lesdits Sieurs Ajoints ont mis; ledit
Sieur du Puys sera averty que l'Edit
de Sa Majesté du mois d'Aoust 1686.
concernant la Librairie & Imprimerie, & les Arrests de son Conseil,
ordonnent que le debit des Livres
se fera seulement par un Libraire ou
un Imprimeur, attendu que le Privilege qu'il a plû au Roy accorder audit du Puys, porte une permission
generale audit du Puys de vendre &
distribuer par tout le Royaume ledit
Livre; & une défense expresse à tous
Imprimeurs & Libraires de vendre
ny distribuer ledit Livre, sous quelque pretexte que ce soit, sans le consentement dudit Sieur du Puys : Et
comme lesdits Ajoints n'ont aucun
pouvoir de restraindre les graces
qu'il a plû à Sa Majesté d'accorder,
& que Monseigneur le Chancelier a
bien voulu sceller, ledit Sieur du
Puys déclare que sans s'arrêter à leur
prétendu avertissement, il en usera
ainsi qu'il avisera bon être, ainsi &
comme en ont usé plusieurs autres
Auteurs, même dans cette année,
Maître Jacques le Pelletier Avocat
en

en Parlement & expeditionaire en Cour de Rome, pour le recueil general de tous les Benefices & Commanderies de France; ce que ledit Sieur Du Puys veut bien faire sçavoir ausdits Sieurs Ajoints, à ce que ladite Communauté des Libraires & Imprimeurs n'en ignorent: Dont Acte le 20. Avril 1690.

Fait & signifié le contenu cy-dessus, & réiteré les protestations ausdits Syndic & Ajoints de la Communauté des Libraires & Imprimeurs de Paris, en la Chambre de leur Communauté, en parlant pour eux au Sieur Bourdon, Concierge dudit Bureau; par moy Antoine Decamps Sergent à verge au Chastelet de Paris, demeurant ruë de la Vannerie, soussigné le 20. jour d'Avril 1690. & laissé copie tant dudit Acte que du present Exploit, à ce qu'ils n'en ignorent. Signé DECAMPS, & au dissous est écrit. Collationné à Paris le 21. Avril 1690.
  · Signé DAVOLLE'.

TABLE
DES CHAPITRES.

teur d'une Lettre de change protestée faute de payement peut exercer ses droits
contre ceux qui y sont obligez.   293
CHAP. XVIII. Des Billets de change.
298

L'ART

N. Guerard Inuenit et Fecit

L'ART
DES LETTRES
DE CHANGE
PREMIERE PARTIE.

CHAPITRE PREMIER.

Du nom & des differentes especes de Change.

CHANGER est un ter-
me dont la significa-
tion est si étenduë, que
dans l'usage ordinaire
il s'applique toutes les
fois que l'on quitte
quelque chose pour en prendre une

A

autre, quoi-que même ce ne foit qu'une qualité, ou une habitude fpirituelle, & en ce fens-là le fubftantif-eft changement ; mais dans le commerce il a deux fignifications : l'une pour les marchandifes, lorfque l'on en donne d'une forte pour en avoir d'une autre, & pour lors il eft finonime avec troquer, & n'a point de fubftantif : l'autre eft pour l'argent, & c'eft dans cette application que fon fubftantif eft change.

2 Il y a quatre efpeces de change.

3 La premiere ª eft le change menu, ainfi que l'appellent les Docteurs, c'eft le plus ancien de tous ; c'eft lorfque l'on donne une forte de monnoye pour en avoir d'une autre forte : Par exemple, des Loüis d'argent pour avoir des Loüis d'or, moyennant quelque fomme de retour, que les Auteurs ont appellé *Collybus* ᵇ, & ceux

a Primum genus Cambii eft de pecunia præfenti cum pecunia præfenti, quod ideo folet fieri in uno eodemque loco, & regulariter pro non magna fumma ; & ideo vocant Cambium minutum, feu manuale. *Scaccia de Commerciis & Cambio. §. quæft. 5. 1. num. 2.*

b Collybiftæ idem funt, quia dicuntur à Collybo, qui eft illa merces, quæ datur pro illa permutatione. *Quæft. 3. num. 8. Corruvias de vet. num. collat. 7. num. 4. verf.*

qui le pratiquent *Collybiste*, que nous appellons en nôtre langue Changeurs. Ciceron dans sa cinquiéme Oraison contre Verrés parle de ce *Collybus*.

4 La seconde espece de Change c'est celuy de place en place, pour parler comme l'Ordonnance, il se fait par Lettres de change, en donnant son argent en une Ville, & recevant une lettre pour en retirer la valeur dans une autre Ville : ceux qui en font commerce ordinaire sont communément appellez Banquiers ; c'est de ce change qu'il sera parlé dans le present Traité.

5 La troisiéme espece est une imitation, ou pour mieux dire, une fiction de la seconde espece ; mais en

hac sanè ratione.

Ex omni pecunia, quàm aratoribus solvere debuisti, certis nominibus deductiones fieri solebant, primum pro spectatione & Collybo, deinde pro nescio quo ærario. Hæc omnia, judices, non rerum certarum, sed furtorum improbissimorum sunt vocabula, nam Collybus esse qui potest, cum utantur omnes uno genere nummorum ? *Cicero act. 5. in Verrem.*

c Secundum genus est Cambium quod fit de pecunia præsenti, cum pecunia absenti, ideoque cum fiat de loco ad locum fit per litteras, & hinc vocatur per litteras. *Scaccia dicto §. quæst. 5. num. 3.*

A ij

effet, un preſt uſuraire, que les Docteurs appellent Change ſec [d] & adulterin, lequel eſt reprouvé par les Bul-
les des Papes ; il n'eſt pas connu en
France, il n'en ſera pas parlé pour
ne pas l'enſeigner.

6 La quatriéme eſpece eſt [e] celuy qui
eſt vulgairement appellé le Change
de Lyon, permis aux Marchands fre-
quentans les foires de Lyon, duquel
il ne ſera pas non plus parlé.

De ce Chapitre l'on peut tirer quatre Maximes.

---

d Cambium ſiccum eſt illicitum & prohibitum, ut
conſentiunt communiter omnes, hæcque prohibitio continetur expreſſe in conſtitutione Pii V. *Scaccia dicto §.
quæſt. 7. part. 1. n. 19.*

Dicitur illud ex quo lucrum exigitur, & accipitur ratione ſolutionis ad tempus dilatæ, ideoque revera eſt mutuum licet habeat nomen Cambii. *Eodem n. 20.*

*La troiſiéme eſpece de Change, que pour diſtinguer
dans les autres ; nous pourrions avec les Caſuiſtes, &
aucuns Iuriſconſultes nommer* Cambium ſiccum *neſcio
qua ratione, puiſque par luy autant qu'autres, on tire la
ſubſtance, c'eſt-à-dire, l'argent & moyen des perſonnes
qui en ſouffrent ſur eux paſſivement l'uſage ; mais nous
l'appellerons adulterin.* Maréchal Traité des Changes &
rechanges licites & illicites, chap. 1. pag. 16.

*e Il y a un autre eſpece de Change ſeulement toleré entre
Marchands trafiquans és foires de Lyon.* Maréchal audit
chapitre page 18.

MAXIMES.

1 Le Change, en termes de commerce, eſt un contract d'argent.

2 Il y a quatre eſpeces de Change.

3 Il n'y a proprement que deux Changes licites à tout le monde, celuy d'une monnoye contre une autre, & celuy par Lettres.

4 C'eſt de l'eſſence, des Lettres de change qu'il y ait remiſe de Place en Place.

CHAPITRE II.

De l'origine du Contract de Change de Place en Place par Lettres.

1 LE Changef de place en place par Lettres, duquel nous nous ſervons aujourd'huy, eſt un Contract qui n'a pas été connu par les anciens, & que la neceſſité a introduit pour le bien public, auſſi ne

f Literarum Cambii prorſus incognita erat materia. *Gaytus de Credito tit. 7. num. 2480.*

A iij

se trouve-t'il point de Loy dans le Droit Romain qui en parle dans les termes, & pour l'effet dont on se sert aujourd'huy. Le Titre *de eo quod certo loco dari opportet*, & ce qui est dit dans plusieurs Loix *de nummulariis* A, *argentariis* B, & *trapesitis* C, étant bien different du Change & des Banquiers d'apresent.

2 Le temps de l'origine, & les inventeurs du Change qui se fait de place en place, lorsqu'une personne donne de l'argent dans une Ville pour avoir une Lettre en vertu de laquelle elle reçoive ou fasse recevoir dans une autre Ville le payement, sont fort incertains ; quelques-uns l'attribuent au bannissement des Juifs du Royaume, ordonné pendant les regnes de d'Agobert I. en 640. de Philippes Auguste en 1181. & de Philippes-le-Long en 1316. & disent que s'étans retirez en Lombardie, pour avoir l'argent qu'-

A. L. 9. §. 2. ff. de edendo L. 7. §. 2. ff. depositi.
B. L. L. 4. 6, 8. 9. 10. ff. de edendo. L. so. ff. de adm.
Tut. L. L. 2. 3. ff. de re judic. no. 136.
C. L. 12. §. 3. eod. de Cohortalibus.

ils avoient dépofez entre les mains de leurs amis, ils fe fervirent du miniftere des Voyageurs & de Lettres, en ftile concis, & de peu de paroles.

3 De Rubis dans fon Hiftoire de la ville de Lyon, page 289. l'attribuë aux Florentins, qui chaffez de leur patrie par les Gibellins fe retirerent en France, où ils commencerent le commerce de Change, pour tirer de leur païs, foit le principal, foit les revenus de leurs biens.

4 Cette derniere opinion femble la plus probable, parce que d'un côté la premiere produit une incertitude de plus de fix cens ans ; fçavoir, fi le Change a été inventé en 640. ou en 1316. & d'autre côté le banniffement des Juifs étant la punition de leurs rapines & de leurs malverfations, qui avoient attiré la haine de tout le monde, l'on ne peut pas préfumer que perfonne ait voulu fe charger de leur argent en dépôt, les affifter, & avoir commerce avec eux au préjudice des Ordonnances.

A iiij

Ce Chapitre ne fournit qu'une
Maxime.

MAXIME.

1 Le Contract de Change n'a pas
été connu par les Anciens.

CHAPITRE III.

*De la nature & de la definition du Con-
tract de Change de Place en Place
par Lettres.*

IL est impossible de bien concevoir
un Contract sans en connoître la
nature, & en sçavoir la definition ;
ce qui est d'autant plus vray dans
celuy de Change, qu'étant nou-
vellement inventé, pour ainsi dire, il seroit impossible sans ces no-
tions, d'avoir aucun fondement certain de tout ce que l'on en dira.

Le Contract de Change a deux
faces, qui produisent deux natures
differentes.

La premiere est la face d'entre le
tireur, & celuy qui en donne la va-

leur ; & c'eſt ſur cette face que l'on examine la nature du Change.

La ſeconde face eſt d'un côté entre le tireur, & celuy qui doit payer la Lettre de change ; & d'autre côté entre celuy qui en donne la valeur, ou ceux qui ont droit de luy, & celuy qui en reçoit le payement : & de ces deux côtez c'eſt un mandement & une commiſſion dont il ſera parlé dans la ſeconde partie.

Les opinions ont été partagées ſur la nature du Change de Place en Place.

2 La premiere opinion eſt g, que le Change eſt une eſpece de prêt ; & cette opinion a été ſuivie par tous ceux qui ont blâmé le Change, comme illicite & uſuraire.

3 Mais il eſt aiſé de faire voir la fauſſeté de cette opinion, par les differences qui ſe rencontrent entre le contract de Change & celuy de prêt.

g Prima opinio eſt quod ſit mutuum hancque opinionem ſecuti ſunt omnes ii qui hac ipſa de cauſa deteſtantur Cambia, tanquam illicita & uſuraria. *Scaccia de Commerciis & Cambio.* §. 1. quæſt. 4. num. 4.

4 La premiere est-h, que l'on ne peut pas dire que l'une de ces deux parties, qui contractent le Change réel de place en place, soit le Prêteur ou l'Emprunteur, puis qu'étant de l'essence que l'Emprunteur reçoive premierement, & qu'ensuite il rende, il faudroit qu'il en fût de même dans le Change. Cependant souvent celuy qui fournit la Lettre de change reçoit la valeur en donnant la Lettre; souvent aussi il ne la reçoit que long-temps après, & même lorsque l'on a avis que la Lettre de change a été payée; ainsi pour soûtenir que le contract de Change fût un prêt, il faudroit qu'il fût quelquefois le Prêteur, & quelquefois l'Emprunteur, ce qui seroit absurde: &

h Prima differentia est, quia si consideremus personam accipientis ad Cambium differentia est manifesta, quia mutuans prius dat & postea recipit; sed accipiens ad Cambium facit opositum primo recipiter postea dat, & sic ex parte accipientis non est mutuum. *Scaccia* §.1.*quast.*4.*n.*5.

Aucun billet ne sera reputé billet de Change, si ce n'est pour Lettres de change qui auroient été fournies, ou qui le devroient être.

Les billets pour Lettres de change fournies feront mention, &c.

Les billets pour Lettres de change a fournir feront mention, &c.

Articles 27. 28. 29. titre 5. de l'Edit du Commerce.

cette difference se tire des articles
27. 28. & 29. du titre 5. de l'Edit
du commerce du mois de Mars 1673.
en ce qu'il y est parlé des billets de
Change pour lettres fournies, ou à
fournir.

5 La seconde est 1, que dans le
prêt il faut rendre en la même espece, & dans le Change le payement
ne se fait pas en la même espece,
puisque d'un païs à l'autre les mêmes
especes n'y ont pas cours.

6 La troisiéme difference est[l], que
dans le prêt, l'on ne peut jamais
rendre moins que l'on a reçu; & l'on
ne peut pas diminuer le principal;
mais dans le Change, souvent celuy
qui prend la Lettre de change reçoit
moins qu'il n'a donné, le plus ou le
moins dépendant de la rareté, ou de
l'abondance d'argent qu'il y a pour

i Secunda differentia, quia in mutuo res mutuata reddi
debet in eadem specie, nempe vinum pro vino moneta argentea, pro argentea, aurea, pro aurea. L. 99. ff. de solut.
At in Cambio reddi debet res alterius speciei. Scaccia
§. 1. quæst. 4. num. 7.

l Tertia differentia, quia capitale mutui, minui non
potest; secus est in Cambio, quia potest evenire, ut dans
Cambio detrimentum patiatur in forte. Scaccia de Com-
mercio & Cambio §. 1. quæst. 4. num. 11.

la place où la Lettre de change doit
être payée.

7 La quatriéme difference eſt [m],
que le prêt doit être rendu au.mê-
me lieu où il a été fait ; mais le Change au contraire, doit être payé en
une autre Ville que celle où il a été
contracté.

8 La cinquiéme eſt, que le prêt
ne ſe fait qu'en faveur de l'Emprunteur [n], au lieu que le contract deChan-
ge ſe fait en faveur & pour l'utilité
des deux perſonnes qui le contractent : car il eſt autant utile à celuy
qui donne ſon argent pour recevoir
dans une autre Ville où il en a be-
ſoin, qu'à celuy qui le reçoit pour
donner ſa lettre, en vertu de laquelle il doit être payé.

9 Ainſi par toutes ces differences eſſentielles, il eſt conſtant que le

[m] Differt, quia in Cambio ſaltem reali, & vero quod
fit ratione loci, & per litteras neceſſe eſt, ut commutetur
pecunia unius loci pro pecunia alterius loci, at mutui
reſtitutio fit in eodem loco, ubi fuit acceptum. Scaccia
§. 1. quæſt. 4. num. 14.
Mutuum date nihil inde ſperantes. Matth. cap.
[n] Contractus Cambii fit ad utriuſque contrahentis
utilitatem. Scaccia §. 2. Gloſſ. 5. num. 447. Rota Ge-
nuenſis deciſione 32. num. 5.

Change n'eſt pas un prêt; ce qui eſt tres-important, parce que n'étant pas un prêt, il n'eſt pas ſuſceptible d'uſure º, l'uſure ne pouvant tomber que dans le prêt veritable ou pallié, au ſentiment des Docteurs.

10 Sur ce principe, ceux-là ſe trompent, qui diſent que de prendre davantage que le cours ordinaire pour fournir une Lettre de change c'eſt une uſure, car ce n'en eſt point une; ce peut bien être un mal, une fraude, une eſpece d'injuſtice; mais le nom d'uſure ne luy convient point. De même que ſi un Marchand de bled ou d'autres marchandiſes, vend ſon bled ou ſa marchandiſe un prix bien plus haut que le courant du marché, il commet bien un mal; mais ce mal ne peut pas être appellé une uſure. De même un Marchand de bois ou d'autres denrées taxées, qui vendroit plus haut que la taxe, com-

---

º Ultimo loco propoſuimus in definitione uſuram, vi mutui committi, aperte intelligentes hoc crimen in aliis contractibus, quam mutui, nequaquam accidere. *Couarruvarias Variarum resol. lib. 3. cap. 1. verſ. hinc juſtiſſime. Scaccia §. 1. quæſt. 7. part. 1. num. 25. & part. 3. limit. 6. num. 3. Gibalin. de uſur. cap. 8. art. 1. reg. 2.*

mettroit une contravention & une
injuſtice ; mais on ne pourroit pas
dire qu'il auroit commis une uſure.
Par la même raiſon, lorſque les Lettres de change de Paris à Lyon perdent par exemple un pour cent, il
ne faut pas dire qu'une Lettre de
change qui ſera de 1010 liv. pour
mille livres de valeur comptant, ſoit
contraire à l'article 6. de l'Edit de
commerce, comme contenant l'interêt avec le principal ; car ces dix
livres ne ſont point un interêt, c'eſt
le prix du Change , c'eſt-à-dire,
qu'à cauſe de la rareté de l'argent.
Entre Paris & Lyon, celuy qui a une
creance à Lyon de 1010 liv. ne la
peut vendre dans Paris que 1000
livres.

11 La ſeconde opinion eſt P, que
le contract de Change ſoit un contract anonime *do , ut des* ; mais outre
que cette opinion eſt peu ſuivie, qu'-
elle eſt trop generale, elle ſe trouve
detruite par le nom de Change, qui
eſt ſpecialement affecté à ce contract.

---

p Secunda opinio, quod ſit contractus innominatus do,
ut des. *Scaccia* §. *1. quæſt. 4. num. 17.*

12 La troisiéme opinion est q, que c'est une permutation d'argent pour de l'argent; mais cette opinion n'est pas suivie, parce qu'elle ne nous marque que le genre suprême, & nous cherchons l'espece dans le genre.

13 Enfin la quatriéme opinion est r, que le Change réel de place en place, c'est une espece d'achapt & vente, de même que les cessions & transports; car celuy qui fait la Lettre de change vend, cede, & transporte la creance qu'il a sur celuy qui la doit payer.

14 Il n'y a qu'une seule differen-ce ſ qui n'est pas essentielle; c'est

q Tertia opinio est, quod sit permutatio pecuniæ pro pecunia. *Scaccia* §. *1. quæst. 4. num. 18.*

r Quarta opinio est, quod sit contractus emptionis & venditionis. *Ioan. de Anan. in capite ult. naviganti sub num. 46. & 47. & alii.* Dicens Cambium esse contractus emptionis ex parte emptoris, & venditionis ex parte accipientis; Cambio & sic pecunia ejus qui dat, Cambio est pretium & pecunia consignanda. Postea ex civitate placentiæ, seu Romæ est resempta & vendita, &c. *Scaccia* §. *1. quæst. 4. num. 21. Rota Genuensis decis. ult. num. 41. vers. 1. ratione & decis. 32. num. 5. Gaytus de credito cap. 2. tit. 7. num. 1208. & num. 2293.*

ſ Et quod Cambium differat à venditione sola materia, quia non versatur, nisi circa pecunias, & quod contractus Cambii habeat easdem differentias, quas habet contractus emptionis & venditionis. *Scaccia loco citato.*

dans la matiere , parce qu'il ne s'e-
xerce que de monnoye à monnoye;
mais il a toutes les proprietez que le
Contract d'achapt & de vente, & ce
qui fait la matiere du Change peut
être venduë.

15 Premierement ᵗ; ce qui peut recevoir d'augmentation ou de diminution dans son prix peut être vendu, les monnoyes qui font la matiere du Change peuvent être augmen-
tées ou diminuées de prix, donc elles peuvent être venduës.

16 Secondement ᵘ, parce qu'une
monnoye vaut plus en un lieu qu'en
un autre , quoi-que du même poids
& titre; comme la piftole d'Efpagne,
qui vaut à Madrit quatre pieces de
huit réaux , & en France elle n'en
vaut que trois & deux tiers, & ainfi

t Quia pecuniæ æſtimatio crefcit & decrefcit , fed ea
quorum precium crefcit & decrefcit funt vendibilia , ut
experientia patet , ergo, &c. *Scaccia loco citato num. 25.*

u Quia una pecunia propter curfum valet plus uno loco
quam alio , licet fit ejufdem ponderis & menfuræ ; quare
florenus aureus , vel ducatus venetus propter fuum curfum valet plufquam aureus bononienfis , vel ducatus Ro-
manus , &c. *Scaccia num. 26.*

Si recipit varias æftimationes , ergo eft emibilis: *Scaccia num. 28. in fin.*

de

de beaucoup d'autres fortes de monnoyes; & par confequent fi elles reçoivent diverfes eftimations, elles
peuvent être venduës.

17 Troifiémement ˣ; l'argent eft
contenu dans le terme general d'effets mobiliaires, & les effets mobiliaires peuvent être acheptez & ven-
dus, comme l'on les achepte & vend
tous les jours; donc l'argent en tant
qu'effet peut être vendu.

18 Quatriémement ʸ, tout ce qui
peut être permuté peut être vendu:
or une monnoye peut être permutée
avec une autre monnoye, donc la
monnoye peut être venduë.

19 Cinquiémement ᶻ, ce qui peut
être eftimé à prix d'argent peut être

x Quia pecunia continetur appellatione mercis, *ut ex*
Bald. fequitur Straccha traćł. de mercat. parł. 1. num. 75.
Navar. in cap. navigant. Sed merx poteft emi & vendi;
ut quotidie emitur & venditur, ergo pecunia tànquam
merx contraćłari poteft. *Scaccia num. 29. & 30.*

y Quidquid eft commutabile eft etiam vendibile, &c.
Sed pecunia eft commutabilis cum pecunia, ergo eft vendibilis. *Scaccia num. 31.*

z Illud eft vendibile quod pecunia eft æftimabile, fui tenim
pecuniæ ufus inventus pro pretio & menfura rerum com-
parandarum; fed ea pecunia feu moneta æftimatu r alia,
ut puta groffa per minutam, & è converfo, ergo moneta
poteft emi & vendi. *Scaccia num. 32.*

B

vendu, puifque l'ufage de l'argent a été introduit pour fervir de prix & de mefure de toutes chofes venales : or une monnoye eft eftimée par le rapport quelle a avec une autre monnoye, peut être acheptée & venduë.

20 Sixiémement _a_, toute chofe venale a deux fortes de bontez ; l'une intrinfeque, & l'autre extrinfeque ; & c'eft de cette double bonté que fe tire la juftice du prix que chaque chofe doit être venduë : or cette double bonté fe trouve dans la monnoye, donc elle peut être venduë de même que toute autre chofe.

21 Septiémement _b_, le contract de Change eft plûtôt une ceffion de la creance que l'on a fur celuy qui la

_a_ Merx vendibilis habet duplicem bonitatem intrinfecam, fcilicet & extrinfecam, & ab ifta duplici bonitate fumitur juftitia pretii quod merx illa vendi debeat, ut fciant omnes, fed ifta duplex bonitas reperitur in pecunia ; ergo etiam pecunia ficut alia merx eft vendibilis. _Scaccia num._ 33.

_b_ Nomina eorum qui fub conditione vel in diem debent, & emere & vendere folemus ea enim res eft, quæ emi & venire poteft. _L._ 17. _ff. de hæred. vel act. vendi._ Nominis venditio etiam ignorante, vel invito eo adverfus quem actiones mandantur contrahi folet. _L._ 3. _Cod. de hæred. vel act. vendit._

doit payer, qu'une vente d'argent : or il eſt certain qu'une creance peut être acheptée & venduë, donc le contract de Change eſt une eſpece d'achapt & vente.

22 Et quoi-que pluſieurs Docteurs [c] n'eſtiment pas que le Change ſoit une eſpece de contract d'achapt & vente, parce qu'ils ne peuvent pas ſe figurer que l'argent puiſſe être vendu ; neanmoins parce qu'il paroît clairement que le genre ſupreme eſt la permutation à l'égard duquel l'achapt & vente eſt une eſpece de laquelle l'on peut dire, que le Change eſt une autre eſpece, puiſque le premier propoſe de donner une choſe pour une autre ; le ſecond une choſe pour de l'argent, & le troiſiéme de l'argent en un lieu pour de l'argent en un autre lieu. J'eſtime [d] qu'il n'y a pas lieu de diſcon-

[c] Contrarium quod enim non ſit contractus venditionis : eoſquia pecunia ſit invendibilis, tenent. *Laur. de Redulphis, Ioan. Azor Medin. Navarr. Mich. Sa. Ioan. Cavat. relati à Scaccia num. 34.*

[d] Tamen ego eligendam eſſe exiſtimo quartam opinionem quod Cambium ſit emptio & venditio : *ut dixi ſuprà num. 21. & ſequentibus ;* tum quia efficaciter probatur, tum quia videtur magis communis. *Scaccia num. 37.*

B ij

venir que le Change ne foit un achapt, puifque la preuve en eft concluëment établie, & que c'eft l'opinion commune.

23 Le contract de Change peut être particulierement definy. e Un contract du Droit des gens, nommé de bonne foy, parfait par le feul confentement, par lequel donnant la valeur au Tireur, le Tireur fournit à celuy qui la luy donne des Lettres pour recevoir autant au lieu convenu.

24 Ce contract doit être appellé du Droit des Gens f, parce que l'ufage & la neceffité du commerce l'a rendu commun à toutes les nations.

25 Il eft appellé Nommé g, pour le differencier des contracts anoni-

---

e Contractus Juris gentium nominatus bonæ fidei folo confenfu perfectus, quo dato pretio campfori ab eodem traduntur litteræ campfori ad tantundem alibi recipiendum.

f Illud dicitur de Jure gentium, quod æque apud omnes gentes fervatur; fed Cambium in omnibus regnis & provinciis, &ubique terrarum exercetur, veluti reipublicæ & hominum commercus neceffarium : & ergo Cambium eft de Jure gentium. *Scaccia §. 1. quæft. 6. num. 3.*

g Quem quidem contractum alii appellant nominatum. *Rota Genuenf. decif. 32. num. 5.*

mes & des autres especes de son genre, aussi a-t'il un nom qui luy est propre, qui est Change.

26 Il est dit de bonne foy ʰ, parce
que la bonne foy est la souveraine
Loy du commerce, & que descen-
dant de l'achapt & vente, qui est
un contract de bonne foy, il doit en
suivre la nature ; outre que suivant
l'usage il consiste plus en bonne foy
que les autres contracts.

27 Il est parfait par le seul consentement i, à l'exemple de l'achapt
& vente, puis qu'après le mutuel consentement l'un des contractans ne
peut pas s'en dédire malgré l'autre,
parce qu'il est fait pour l'utilité respective d'un chacun d'eux.

28 Mais il faut en France que ce
consentement paroisse par écrit pour
la preuve, suivant les Ordonnances,
comme pour les autres contracts, autrement il ne pourroit être prou-

ʰ Contractus Cambii, &c. consistit in bona fide magis
quam alii contractus. *Rota Genuens. decis. prima num.*
41. vers. prima ratione. i Quæro x v i i i. an in contractu
Cambii fit licita pœnitentia ; altero contrahente invito ?
Respondeo i quod non quia contractus Cambii fit ad
utriusque utilitatem. *Scaccia §. 2. Gloss. 5. num. 347.*

B iij

vé que par le ferment du Défen-
deur.

29 Et quoi-que l'on dife par lequel donnant la valeur au Tireur,
il fournit à celuy qui la luy donne
des Lettres pour recevoir autant au
lieu convenu : il n'eft pas neceffaire
que la délivrance de la valeur & des
Lettres fe faffe precifément lors de
la convention en même-temps, les
parties pouvant convenir d'un delay
pour la délivrance de l'un ou de
l'autre, & même de tous les deux,
comme l'on peut montrer par deux
exemples de l'ufage.

30 Par exemple ¹ lorfque l'on traite un Change pour quelque payement ou foire, dont l'écheance eft
éloignée, l'on ne délivre pas pour
lors la Lettre de Change ; mais un
billet portant promeffe de la fournir, qui doit être fait fuivant les formalitez prefcrites par l'Edit du mois
de Mars 1673. pour le commerce.

---

¹ *Les billets pour Lettres de change à fournir feront*
mention du lieu où elles feront tirées, & fi la valeur en a
été reçuë, & de quelles perfonnes, à peine de nullité. Edit
du mois de Mars 1673. titre 5. art. 29.

31 Que si l'on donne les m Lettres & que la valeur n'en soit payable que dans un temps, celuy qui la doit, donne un billet, suivant les formalitez prescrites par le même Edit.

32 Et si la valeur ny les Lettres n'ont pas été délivrées, & que la convention soit de les délivrer dans le temps convenu, l'on doit faire un billet double, pour pouvoir respectivement prouver le consentement.

33 Et bien que la Lettre de change ne soit pas payée n, & qu'elle soit protestée, le contract de Change est toûjours bon & valable, parce que celuy qui en a donné la valeur, a une action en garentie pour tous ses dommages & interêts de Change & rechange, de la même maniere que dans l'achapt & vente.

m Les billets pour Lettres de Change fournies feront mention de celuy sur qui elles auront été tirées, qui en aura payé la valeur, & si le payement a été fait en deniers, marchandises, ou autres effets, à peine de nullité. Article 28.

n Si res vendita non tradatur in id quod interest agitur, hoc est rem habere, inter est emptoris : Hoc autem interdum pretium egreditur, si pluris interest, quam res valet vel empta est. L. ff. de act. empt. & vend.

L'on recueille trois Maximes de ce Chapitre.

MAXIMES.

1 Les Lettres de change produisent deux especes de contracts : La premiere, entre les Tireurs & celuy qui en donne la valeur, qui est une espece d'achapt & vente.

La seconde, entre le Tireur & celuy qui la doit payer, de même qu'entre celuy qui en donne la valeur ou ceux qui ont droit de luy, & celuy qui la doit recevoir, qui est une commission.

2 Le Contract des Lettres de change n'est pas un prêt.

3 L'usure ne tombe que dans le prêt veritable ou pallié.

CHAPITRE IV.

*Des diverses formes des Lettres de change,
des personnes qui y entrent, des differens termes de payement, des differentes manieres d'en déclarer la valeur, & des Lettres missives qui s'écri-
vent à cette occasion.*

1 C'EST plûtôt des exemples
pour faciliter l'intelligence
du contract de Change, que des formes necessaires, puisqu'il n'y a aucune forme prescrite ᵒ à ce contract;
& pourveu qu'une Lettre de change contienne ᵖ celuy qui la fait, celuy qui la doit payer, celuy à qui
elle doit être payée, celuy qui en a
donné la valeur, le temps du payement, & de quelle maniere la valeur

---

o Secundum sciendum est quod scriptura Cambii, non
habet certam præscriptam formam, ideoque potest diversis modis concipi. *Scaccia* §. 1. quæst. 5. num. 11.

*p Les Lettres de change contiendront sommairement le
nom de ceux ausquels le contenu devra être payé, le
temps du payement, le nom de celuy qui en a donné la
valeur,* &c. Edit de 1673. titre 5. art. 1.

a été donnée, les termes d'expreffion, & les autres conditions font arbitraires.

2 Si-bien que toute la confideration des Lettres de change fe reduit
à quatre.

La premiere regarde les perfonnes.
La feconde le temps du payement.
La troifiéme ce que l'on doit payer.
Et la quatriéme la valeur.

3 Pour ce qui regarde la premiere, il entre ordinairement quatre perfonnes ¶ dans une Lettre de change;
fçavoir, celuy qui la fait, que l'on
appelle Tireur ; celuy qui la prend,
qui eft le Donneur de valeur ; celuy
qui la doit payer, & celuy qui la doit
recevoir.

¶ Notum eft quod quatuor perfonæ ad complendum
contractum Cambii intervenire debent, una dans, &
altera accipiens ad Cambium, ut de uno loco fcribentes,
& alio loco altera recipiens litteras, & folvere debens, &
altera exigens pecunias Cambiatas & tractas. *Rota Genuenf. decif. 1. num. 27.*

4 I. EXEMPLE.

A Paris ce 11. Aouſt 1679. pour L. 1000.

M ONSIEUR [r],

A vûë il vous plaira payer par cette premiere de Change à Monſieur Severin la ſomme de mille li-vres, pour valeur reçuë comptant de Monſieur Lu-cien, & mettez à compte, comme par l'avis de

A Monſieur,   *Vôtre tres-humble ſerviteur.*
Monſieur Hilaire,   *Simeon.*

A Lyon.

5 Pour donner lieu à l'execution de ce contract, celuy qui a fait la Lettre en donne avis à celuy qui la doit payer, avec l'ordre de le faire, par une Lettre miſſive à peu prês en ces termes.

6   A Paris ce 11. Aouſt 1679.

M ONSIEUR,

Je vous ay tiré ce jourd'huy mille livres payables à vûë à Monſieur Severin pour valeur de Monſieur Lucien je vous prie d'y faire hon-neur, & de m'en donner debit.

---

r In hac litterarum formula illæ quatuor perſonæ appa-rent realiter & diſtinctæ. *Scaccia* §. *quæſt. s. num.* 44.

Si celuy qui a fait la Lettre de change n'eſt pas creancier du moins d'u-
ne ſomme égale à celle de la Lettre
de Change, il s'explique de quelle
maniere il en fournira le fonds ; que
s'il eſt creancier, il dit dans mon
compte, ce qu'eſperant de vôtre pon-
ctualité, je ſuis,

Monſieur,   Vôtre tres - humble
              ſerviteur N. Simeon

7. Celuy qui a donné la valeur écrit
à celuy qui la doit recevoir une Lettre miſſive à peu prês de cette maniere.

8.   à Paris ce 11. Aouſt 1679.

MONSIEUR,

Je vous remets mille liv. par la cy-
jointe Lettre de change de Monſieur Simeon ſur Monſieur Hilaire
de laquelle je vous prie de procurer
le payement & m'en donner credit :
s'il n'eſt pas debiteur de celuy à qui il
envoye cette Lettre de change, il
luy dit à quoy il veut que l'argent en
ſoit employé, & ſuis.

Monſieur,   Vôtre tres - humble
              ſerviteur Lucien.

9 Quelquefois l'on met dans la Lettre de change, il vous plaira payer à,
Monſieur Severin ou à ſon ordre.

Et il y a enſuite divers ordres ſuc-
ceſſifs ; mais cela ne change rien dans
la ſubſtance de la Lettre de change,
parce que tous ces ordres ne ſont que
ſubrogations des uns aux autres pour
mettre le dernier à la place de celuy
à qui originairement elle étoit payable.

10   II. EXEMPLE.

M A Paris ce 14. Aouſt 1679. pour l. 2000
ONSIEUR,
A huit jours de vûë, il vous plaira payer par cette
premiere de Change à Monſieur Felix ou à ſon ordre
la ſomme de deux mille livres, pour valeur changée
avec Monſieur Marcel, & mettez à compte, comme
par l'avis de

A Monſieur,   Vôtre tres-humble ſerviteur.
Monſieur Victor.   Fabien.
      A Roüen.

_____

Et au bas ou au dos il y a.
Et pour moy payez le contenu cy-deſſus, ou de l'autre part, à l'ordre de Monſieur Vincent, pour valeur
reçuë comptant de Monſſieur Julien.
      A Paris ce 14. Aouſt 1679. Signé Felix.

& ainſi pluſieurs autres.

11 Il eſt bon de remarquer que l'E-
dit du commerce ſe ſert aux articles
12. 13. 15. 16. 17. 24. & 25. du titre 5.
des termes d'endoſſer, d'endoſſeurs,
& d'endoſſement, pour ſignifier mettre des ordres au dos. Ceux qui ont
mis des ordres au dos , & des ordres;
& à l'art. 23. du même titre il ôte au
terme d'endoſſement la ſignification
d'ordre, pour ne luy donner que celle de Mandement ou Procuration;
ainſi ce terme d'endoſſement eſt èqui-
voque, il faut l'entendre ſuivant que
le cas le peut dénoter.

12 Quelquefois la Lettre de change
eſt payable à celuy qui en donne la
valeur, ce qui eſt ordinaire lorſqu'il
va faire voyage au lieu où elle doit
être payée, & pour lors il n'y paroît
que trois perſonnes.

13　III. EXEMPLE.

M ONSIEUR, *A Paris le 1. Aouſt 1679. pour l. 3000.*

A la fin de ce mois, il vous plaira payer par cette premiere de Change à Monſieur Romüald la ſomme de trois mille livres pour valeur reçuë comptant de luy-même, & mettez à compte, comme par l'avis de

A Monſieur,　　　　　*Vôtre tres-humble ſerviteur.*
Monſieur Paul.　　　　　　　　　　Gabin.
　　A Marſeille.

14 Que ſi celuy à qui elle eſt payable n'alloit pas à Marſeille pour en recevoir le payement, il y en a qui doutent ſi ſon ordre ſimple ſeroit ſuffiſant, & diſent qu'il faudroit un tranſport par devant Notaire, ou une procuration; mais ni l'un ni l'autre ne ſont pas plus forts qu'un ſimple ordre, ils ſont ſeulement plus autentiques.

15 Quelquefois celuy ſur qui la Lettre de change eſt tirée étant correſpondant de celuy qui fait la Lettre de change, & de celuy qui en donne la valeur, elle eſt payable à luy-même, & pour lors il n'y paroît non plus que trois perſonnes.

16 IV. EXEMPLE.

A Paris ce 18. Aouſt 1679. pour ▽. 1000. à d. 101. de gros.

MONSIEUR,

A deux uſances, il vous plaira payer par cette premiere Lettre de change à vous-même, la ſomme de mille écus, à cent-un denier de gros pour écu, pour valeur reçuë comptant de Monſieur Benoiſt, & mettez à compte, comme par l'avis de

A Monſieur,   *Vôtre tres-humble ſerviteur.*
Monſieur Denis.   *Aubin.*
     En Amſterdam.

17 Il ne paroît non plus que trois perſonnes dans la Lettre de change, lorſque celuy qui la fait, met que c'eſt valeur de luy-même.

ſ Nunc pono formulam in quâ tres tantum perſonæ apparent realiter & diſtinctæ, ſed virtualiter ſunt etiam quatuor nempe, quando una eademque perſona gerit negotium remittentis, & trahentis ſolvendo ſibi ipſi. *Scaccia loco citato.*

18

18 · V. EXEMPLE.

A Paris le 21. Aouſt 1679. pour l. 4000.

MONSIEUR,

Aux prochains payemens d'Aouſt, il vous plaira payer à Monſieur Joüin la ſomme de quatre mille livres pour valeur en moy-même, & mettez à compte, comme par l'avis de

A Monſieur,   *Vôtre tres-humble ſerviteur.*
Monſieur Paul.   *Gabin.*
    A Lyon.

19 L'on voit auſſi des Lettres de change où il ne paroît que deux perſonnes, celuy qui la fait, & celuy qui la doit payer.

20 · VI. EXEMPLE.

A Paris ce 1. Aouſt 1679. pour ▽. 1000. à 74. Kre pour ▽.

MONSIEUR,

A la prochaine foire de Septembre, il vous plaira payer par cette premiere Lettre de Change à vous-même la ſomme de mille écus, à ſeptante-quatre Kreiſſer pour écu, pour valeur en moy-même, & mettez à compte, comme par l'avis de

A Monſieur,   *Vôtre tres-humble ſerviteur.*
Monſieur Hilaire.   *Simeon.*

C

VII. EXEMPLE.

M ONSIEUR, *A Paris ce 1. Aoust 1679. pour l. 1000.*

A deux usances, il vous plaira payer par cette première Lettre de change, à mon ordre, la somme de mille livres pour valeur en moy-même, & mettez à compte, comme par l'avis de

A Monsieur,   *Vôtre tres-humble serviteur,*
Monsieur François.   *Gervais.*
     A Roüen.

21 Mais dans ces sortes de Lettres de Change du sixiéme exemple, il doit toûjours être sous-entendu une personne, & quelquefois deux; car ou la Lettre de change est tirée pour compte d'une tierce personne qui n'est point mentionnée dans la Lettre de change, mais seulement dans la Lettre d'avis, ou qu'elle est remise pour compte d'un tiers qui n'est point non plus nommé, & quelquefois l'un & l'autre; & en ces cas celuy à qui elle est adressée fait la fonction de plusieurs personnes [t], car il

[t] Proprie diversis respectibus una persona potest fungi vice duarum. *Rota genuens. decis. 1. num. 27.*

paye & reçoit de foy-même; mais il
faut de neceffité que, ou la traite, ou
la remife foit pour compte d'un tiers,
parce qu'il ne fe peut pas faire qu'une
perfonne paye à foy-même fans quelque caufe étrangere; fi-bien que du
moins trois perfonnes, & quelquefois
quatre, font effentiellement neceffaires dans la Lettre de Change.

22 Le feptiéme exemple arrive rarement, mais je l'ay veu, & quelques-
uns doutoient fi c'étoit une Lettre de
change. Pour refoudre ce doute, il
faut fçavoir la raifon qui produit de
pareilles Lettres de change, j'en remarque deux; l'une eft lorfqu'un Banquier a ordre de tirer fur une place
à un certain prix qu'il juge avantageux; mais ne trouvant aucune occafion, ni à ce prix, ni à aucun autre, ne fe trouvant point d'argent
pour cette place, il fe refout à prendre la Lettre qu'il tire pour compte
d'amy, pour fon compte, plûtôt que
de manquer à fervir fon amy, & at-
tendant l'occafion d'en difpofer, il
fait la Lettre de change payable à

C ij

fon propre ordre : L'autre raifon ;
lorfque le Tireur eſt creancier de celuy fur qui il tire, & qu'avant de difpofer de fa creance, il veut s'affurer
par une acceptation du privilege des
Lettres de change. En l'un & l'autre
cas , je ne crois pas que l'on doive
douter que ce ne foit une Lettre de
change; car le fubſtantiel s'y rencontre, qui eſt d'une part la remife de place en place ; d'autre par le confentement du Tireur au Donneur de valeur, & furabondamment de l'Accepteur. Du Tireur , dans le premier
cas, par la Lettre de celuy qui a donné l'ordre de tirer au Donneur de valeur ; & quoy que ce confentement de
deux perfonnes ne paroiffe pas dans la
Lettre de change que par une feule
perfonne, il ne laiffe pas que d'être
parfait , repréfentant valablement
deux perfonnes ; l'une de mandateur,
& l'autre de mandataire, comme il a
été prouvé cy-deffus.

　Si l'on objecte qu'au fecond cas il
n'y a pas de confentement de deux
perfonnes, l'on répond que par l'or-

dre, ce confentement eft plein & entier, & par confequent que c'eft une
Lettre de change.

Il faut encore remarquer que la
qualité de Lettre de change ne
peut être conteftée que par l'Accepteur, pour éviter la contrainte par
corps, ou par le porteur, pour excu-
fer fon défaut d'avoir fait les diligences dans le temps, l'un & l'autre
font non recevables en cette pretention.

L'Accepteur pour l'avoir reconnu
pour une Lettre de change, & l'a-
voir acceptée pour telle, & par fon
fait avoir donné lieu au porteur de
fuivre la foy de cet engagement. Le
porteur pour l'avoir pris comme une
Lettre de change, & s'être engagé à
faire les diligences prefcrites pour les
Lettres de change, l'on peut encore
ajoûter un huitiéme exemple fort
rare.

VIII. Exemple.

A Caën ce 20. Aouſt 1679. pour l.3000.
Au vingtiéme Decembre prochain je payeray dans
Paris chez Monſieur 3..... à l'ordre de Thomas, à
la ſomme de trois mille livres pour valeur reçuë de
luy en Marchandiſes.

N. Clement 1....

23 Il n'y en a pourtant que deux qui
contractent & qui s'obligent ; celuy
qui fait la Lettre de change s'oblige
de la faire payer, & celuy qui en donne la valeur s'oblige de la faire recevoir : les deux autres, celuy qui la doit
payer, & celuy qui l'exige n'y entrent
que pour l'execution ; ils peuvent
neanmoins avoir des actions ſuivant
les cas, ainſi qu'il ſera expliqué dans
les Chapitres ſuivans.

24 La ſeconde conſideration regarde le temps du payement de la Lettre
de change, qui ſe reduit à cinq manieres differentes.

25 La premiere eſt à vûë *u* ou vo-

u Quando dicitur *pagate à lettera viſta* videtur cele-
rior, quam in præcedenti injuncta ſolutio, vel ſaltem ce-
leritas ſtat expreſſa, & concludo ſolutionem eſſe faciendam ſtatim atque litteræ ſunt oſtenſæ. *Scaccia* §. 2. C.oſſ.
5. *num.5.*

lonté, qui eſt la même choſe, parce
qu'il faut payer à la preſentation.

26 La ſeconde à tant de jours de
vûë, qui eſt un temps incertain, &
qui ne ſe détermine que par la preſentation de la Lettre, parce qu'il ne
commence à courir que de ce jour-là,
afin que pendant qu'il court, celuy
qui doit payer la Lettre de change
puiſſe mettre la ſomme en état.

27 Ces deux ſortes de temps donnent lieu à une queſtion nouvelle &
importante, que nous examinerons
dans la ſuite, ſi la preſentation de
la Lettre de change étant differée,
le Tireur eſt reſponſable des évenemens.

28 La troiſiéme à tant de jours
d'un tel mois, qui eſt un temps dé-
terminé par la Lettre de change.

29 La quatriéme eſt à une ou pluſieurs uſances, qui eſt un terme déter-
miné par l'uſage du lieu où la Lettre
de change doit être payée, & qui
commence à courir, ou du jour de
la datte de la Lettre de change, ou
du jour de l'acceptation, il eſt plus
long ou plus court, ſuivant l'uſa-

ge ˣ de chaque place. En France les
ufances font reglées à trente jours,
par l'Edit du mois de Mars 1673. titre 5. art. 5. Mais dans les places é-
trangeres il y a beaucoup de diver-
fité, dont il eſt à propos de rapporter
l'ufage tel qu'il fe pratique dans les
principales, parce qu'il eſt difficile
d'en trouver une notion precife.

30 A Londres l'ufance des Lettres
de France eſt d'un mois de la datte,
& d'Efpagne de deux mois, & de Venife, Gennes & Livourne de trois
mois.

31 A Hambourg l'ufance des Lettres de change de France, d'Angleterre, & de Venife eſt de deux mois
de datte ; d'Anvers & Nuremberg de
quinze jours de vûë.

32 A Venife l'ufance des Lettres de
change de Ferrare, Boulogne, Florence, Lucques & Livourne eſt de
cinq jours de vûë, de Rome & Ancone de dix jours de vûë, de Naples,

---

x Quando dicitur à uſo dico folutionem faciendam eſſe
infra decem dies & plures & pauciores, fecundum uſum
& placitum, platearum in quibus fiunt Cambia. *Scaccia*
§. 2. *Gloſſ. 5. num. 8. Rota Genuenſ. deciſ. 32. num. 6.*

Bary , Lecée , Gennes , Aufbourg,
Vienne , Nuremberg & Sangal de
quinze jours de vûë, de Mantouë,
Modene , Bergame & Milan de vingt
jours de datte, d'Amſterdam , Anvers & Hambourg deux mois de datte,
& de Londres de trois mois de datte.

33 A Milan l'uſance des Lettres de
change de Gennes eſt de hûit jours
de vûë , de Rome dix jours de vûë ,
& de Sangal vingt jours de vûë, & de
Veniſe vingt jours de datte.

34 A Florence l'uſance des Lettres
de change de Boulogne eſt de trois
jours de vûë , de Rome & Ancone de
dix jours de vûë, de Veniſe & Naples
de vingt jours de datte.

35 A Bergame l'uſance des Lettres
de change de Veniſe eſt de vingt-qua-
tre jours de datte,

36 A Rome l'uſance des Lettres de
change d'Italie étoit de dix jours de
vûë ; mais par abus l'on les a étenduës
à quinze jours de vûë.

37 A Ancone l'uſance eſt de quinze jours de vûë.

38 A Boulogne l'uſance eſt de huit
jours de vûë.

39 A Livourne l'usance des Lettres de change de Gennes est de huit jours de vûë, de Rome de dix jours de vûë, de Naples trois semaines de vûë, de Venise vingt jours de datte, de Londres trois mois de datte, d'Amsterdam quarante jours de datte.

40 A Amsterdam l'usance des Lettres de change de France & d'Angleterre est d'un mois de datte, de Venise, Madrid, Cadis & Seville deux mois de datte.

41. A Nuremberg l'usance de toutes les Lettres de change est de quinze jours de vûë.

42 A Vienne en Austriche de même.

43 A Gennes l'usance des Lettres de change, de Milan, Florence, Livourne & Lucques est de huit jours de vûë, de Venise, Rome & Boulogne 15. jours de vûë, de Naples 22. jours de vûë, de Sicile un mois de vûë ou deux mois de datte, de Sardagne un mois de vûë, d'Anvers & d'Amsterdam & autres places des Païs-bas trois mois de datte.

44. La cinquiéme maniere est aux payemens ou à la foire, elle n'est pas

generale par toutes les places ; mais
seulement pour celles où il y a des
foires établies, comme à Lyon, à
Franckfort, à Noüe, à Bolzan, à Lints,
& autres endroits, & ce temps est dé-
terminé par les Reglemens & Statuts
de ces foires.

45 Pour ce que l'on doit payer, qui
est la somme exprimée dans la Lettre
de change, qui fait la troisième consideration, il suffit d'observer que
lorsque la Lettre de change est faite
en monnoye du lieu, & que là où elle
doit être payée cette monnoye n'y a
pas cours, l'on met le prix auquel elle doit être évaluée. Comme dans les
quatre & sixième exemples que l'on a
mis à quel prix de la monnoye d'Amsterdam & de Franckfort les mille é-
cus doivent être évaluez.

46 Enfin pour la quatrième & derniere consideration qui regarde la
valeur, l'Edit du mois de Mars 1673.
titre 5. article 1. ordonne que l'on déclare dans la Lettre de change si la
valeur a été reçuë en deniers, marchandises ou autres effets : Mais
comme les étrangers ne sont pas soû-

mis à cet Edit, l'on voit de leurs
Lettres de change, qui n'expriment
que la valeur reçuë, sans dire en
quelle nature d'effets, ou même valeur d'un tel, sans dire reçuë; & ces
differentes expreſſions de valeur, auſſi-bien que celles, valeur en moy-même, valeur rencontrée en moy-même,
même celles ordonnées par l'Edit,
donnent lieu à des frequentes con-
teſtations, qui feront examinées dans
la ſuite.

Il faut tirer ſix Maximes de ce Chapitre.

MAXIMES.

1 Les termes des Lettres de change
ſont arbitraires, pourvû qu'elle ex-
prime celuy qui la fait, celuy qui la
doit payer, quand elle doit être payée,
celuy qui en a donné la valeur, & de
quelle maniere il a donné la valeur.

2 Regulierement il entre quatre
perſonnes dans une Lettre de change,
ou du moins trois, quelquefois il n'en
paroît que deux; mais il y en a toûjours une ou deux ſous-entendués.

3 Quoi-qu'il y ait quatre perſon-

nes, ou même trois dans une Lettre de change, il n'y en a pourtant que deux qui contractent, celuy qui fait la Lettre de change, & celuy qui en donne la valeur, qui en eſt le proprietaire; les deux autres n'y entrent que pour l'execution.

4 Quoi-que celuy qui doit payer une Lettre de change, & celuy qui la doit recevoir, n'y entrent que pour l'execution, ils peuvent neanmoins avoir des actions ſuivant les cas.

5 Tous les differens termes de payement de Lettres de change ſe reduiſent à cinq, à vûë ou à volonté, à tant de jours de vûë, à tant de jours d'un tel mois, à une ou pluſieurs uſances, aux payemens ou à la foire.

6 Lorſque la Lettre de change eſt faite en monnoye qui n'a pas cours où elle doit être payée, il faut mettre le prix auquel elle doit être évaluée.

CHAPITRE V.

Si l'on peut se retracter de la convention
du Change, & si l'on peut opposer de
n'en avoir reçu la valeur.

1 COMME cette proposition regarde deux personnes oppo-
sées, le Tireur & celuy qui donne la
valeur de la Lettre de change, il faut
l'examiner à l'égard de chacun en
particulier.

2 Il faut commencer par celuy qui
donne la valeur ; comme le premier
interessé, la Lettre de change n'é-
tant qu'un moyen d'en tirer le payement.

3 Il s'agit donc de sçavoir si celuy
qui a convenu de prendre une Lettre
de change payable en quelque autre
Ville peut se retracter sous quelque
pretexte, comme quelque soupçon
que la Lettre de change ne soit pas
payée par défauts d'effets du Tireur
entre les mains de celuy sur qui elle
est tirée, ou par défaut de credit, ou

fous quelque autre prétexte, & rendre la Lettre de change s'il l'a reçuë, la refuser si elle luy est offerte, refuser d'en payer la valeur, ou se la faire rendre s'il l'a payée.

3. Je suppose le fait de la convention prouvé, ou par écrit, ou par le serment; car par témoins il ne pourroit l'être au dessus de cent livres, suivant les Ordonnances; ny même par l'Agent de Change ou Courtier, à moins que les deux parties n'y consentissent[a], auquel cas son seul témoignage seroit décisif[b], comme a remarqué Maréchal dans son Traité des Changes & rechanges, Chapitre 13. page 239.

4. Le fait posé pour constant, il y a trois opinions differentes.

5. La premiere est de ceux qui

---

[a] Et de même le proxénette Courretier est non seulement admis en témoignage au different des parties sur l'affaire qu'il a negocié; mais, illis requirentibus, il y peut être contraint; Acurs. Bart. & Angel. ad authen. de testibus §. quoniam. Et en ce cas, solus plene probat. Id. Bart. in L. Lucius in ff. de Fidejus. Felin. ad caput veniens de testibus.

[b] Le contraire est, si l'une des parties l'empêche : car en ce cas il ne peut être témoin. Acurs. eodem §. quoniam. Maréchal Traité des Changes, chapitre 13. page 239.

croyent que l'on peut se retracter, soit que la valeur ait été donnée ou non; & elle est si visiblement absurde, qu'il est inutile de la refuter.

6 La seconde est de ceux qui soûtiennent que celui qui a convenu d'un Change ne peut se retracter z, sous quelque pretexte que ce soit; parce que le contract de Change se faisant pour l'utilité reciproque des deux parties qui en ont convenu, l'on ne peut le rescinder malgré l'une des parties. Cette opinion est fondée sur cette regle generale, que les contracts dans la convention dépendent de la seule volonté; mais leur entiere execution est de necessité.

7 La troisiéme opinion est de ceux qui distinguent si la valeur a été

z Quando campsor qui facit Litteras non vult rescindere contractum Cambii, non tenetur restituere pecunias; nam cum contractus Cambii fiat ad utilitatem utriusque partis non potest rescindi altera parte invita. *Scaccia* §.z. *Gloss. 5. num. 351.*

Sicut initio libera potestas unicuique est habendi, vel contrahendi contractus, ita renunciare semel constitutæ obligationi, adversario non consentiente, non potest; qua propter intelligere debetis. Voluntariæ actioni semel vos nexos ab hac non consentiente altera parte, de cujus precibus fecisti mentionem, minime posse discedere. *L. 5. Cod. de oblig. & act.*

payée

payée l'on ne peut se retracter, que
si la valeur n'a pas été payée, ils esti-
ment que l'on le peut , les choses
étant en leur entier.

8 Mais ils se trompent, parce que
le contract de Change étant une espece d'achapt & vente a, il doit suivre les mêmes regles : & comme l'a-
chapt & vente ne laisse pas d'être parfait, encore que le prix n'aye pas été
payé ; de même le contract de Change l'est , encore que la valeur n'aye
pas été payée.

9 La seconde opinion peut donc
servir de regle generale , comme la
plus certaine : mais parce qu'il peut y
avoir telle circonstance de fait, & des
soupçons si legitimes ; qu'il faudroit
en juger autrement. Il faut examiner
la qualité de ces soupçons, & les précautions qui doivent être prises.

10 Si les soupçons procedent de
quelque changement considerable à
la condition du Tireur depuis la convention du Change, que l'on dût

a Emptio & venditio contrahitur, simul atque de pretio
convenerit ; quamvis nondum pretium numeratum sit , ac
ne arrha quidem data fuerit. *Inst. lib. 3. tit. 24.*

D

conclure, que la Lettre de change venant à être protestée, il ne pourroit
pas en rendre la valeur ; en ce cas on
pourroit luy demander caution ou
seureté, que la Lettre de change sera payée ; & au refus de donner ces
assurances b, celuy qui auroit convenu de donner la valeur pourroit
s'empêcher de la payer ; de même
qu'un Achepteur, lorsque la chose
acheptée est en danger d'être évin-
cée, peut se dispenser d'en payer le
prix, si l'on ne luy donne pas caution, & même il pourroit se faire rendre la valeur s'il l'avoit payée.

11 Mais si ces soupçons sont legers c, & qu'ils n'ayent pas un fondement public & manifeste, il faut de
necessité que celuy qui a convenu de
prendre une Lettre de change en

---

b Cum in ipso lumine contractus immineat evictio,
emptorem, si satis ei non offeratur ad totius, vel residui
pretii solutionem non compelli, Juris autoritate monstra-
tur. *Lege 24. cod. de evictionib.* Si pro evictione pro-
mittere, non vis, non liberaberis, quominus à te pecuniam
repetere possim. *L. ult. in fin. ff. de condict. causa data.*

c Illud quæritur. An is qui mancipium vendidit, debeat
Fidei jussorem, ob evictionem dare, quem vulgò auctorem
secundum vocant, & est relatum non debere, nisi hoc nominatim actum est. *L. 4. ff. de evictionib.*

donne la valeur, & execute la convention qui a été faite, fans demander caution ; & même fi la caufe de
ces foupçons n'eft pas arrivée depuis
la convention, elle ne peut fervir de
pretexte legitime pour s'en retracter,
ou demander caution ; parce que lors
qu'il a contracté ᵈ, il a fçu ou dû fçavoir la condition de celuy avec qui il
traitoit.

11 Car s'il étoit permis de fe retracter fur des foupçons legers, & qui
ont pû être prévûs au temps de la convention , la bonne foy du commerce
feroit aneantie , & celuy qui auroit
arrêté un Change ne le tiendroit qu'-
autant qu'il luy feroit avantageux ;
que s'il trouvoit à traiter à meilleur
prix avec quelque autre, il fe retra-
cteroit du premier, pour faire le fecond ; ce qui produiroit un defordre
univerfel dans le commerce.

13 Il faut donc conclure , que fi
celuy qui donne la valeur n'a pas de
foupçons legitimes & nouveaux , &
pour raifon defquels le Tireur de la

d Qui cum alio contrahit , vel eft , vel debet effe non
ignarus conditionis ejus. L. 19. ff. de reg. jur.

D ij

Lettre de change ne refuſe pas de
luy donner des aſſurances que la Lettre de change ſera payée, il ne peut
ſe retracter de ſa convention.

14 Pour ſçavoir ſi celuy qui a convenu de donner une Lettre de change peut s'empêcher de la donner, ou
ſi l'ayant donnée il peut ſe diſpenſer
de la faire payer : ce ſont deux queſtions qu'il faut examiner.

15 L'une, ſi l'on peut s'empêcher
de donner la Lettre de change, & il
faut diſtinguer ou la valeur en a été
reçuë, comme dans l'eſpece des billets de Change pour Lettres à fournir, dont il eſt parlé dans le titre 5.
article 27. & 29. de l'Edit du mois de
Mars 1673. & en ce cas l'on ne peut
aucunement ſe diſpenſer de fournir
la Lettre de change, ou la valeur n'a
pas été reçuë : en ce cas, ſi depuis la
convention il étoit ſurvenu un changement conſiderable qui pût produire un ſoupçon legitime, tel qu'il a été
expliqué cy-deſſus, que l'on en dût
conclure que celuy qui a promis d'en
donner la valeur ſera dans l'impoſſi-
bilité d'y ſatisfaire au temps conve-

nu ; en ce cas, l'on pourroit fe difpenfer de fournir la Lettre, à moins qu'il
ne donnât caution : mais fi les foupçons font legers, fans fondement public & nouvelle caufe, il faut executer la convention.

16 L'autre queftion eft fi la Lettre
de change étant donnée, le Tireur
peut s'empêcher de la faire payer,
fous pretexte qu'il n'en a pas reçu la
valeur.

Quelques negocians font deux dif-
tinctions.

17 La premiere, fi la Lettre de
change porte pour valeur reçuë comptant, ou fi elle porte valeur d'un tel,
fans dire reçuë comptant, ou valeur
changée, & difent, que lorfqu'elle
porte valeur reçuë comptant, le Tireur eft obligé de la faire payer, à peine de tous dépens, dommages & interêts ; mais fi la valeur eft déclarée
d'une des autres manieres, le Tireur
n'eft pas tenu de la faire payer, fi
dans l'intervale de temps qu'elle a été
délivrée, jufques à l'écheance, il
n'eft pas fatisfait de la valeur.

18 Cette décifion n'eft pas genera-

lement vraye, comme il fera montré dans la fuite.

19 La feconde diftinction eft, fi la Lettre de change porte payable à un tel fimplement, ou fi elle porte payable à un tel ou à fon ordre, ou à l'ordre d'un tel.

20 Si la Lettre de change eft payable à un tel fimplement, quelques-uns dans la préfuppofition que l'intention des contractans n'a pas été que la Lettre de change pût être tranfportée & cedée à d'autres, difent que le Tireur peut s'exempter de la faire payer, s'il n'eft pas fatisfait de la valeur.

21 Cette propofition eft conforme à la difpofition de l'article 30. du titre 5.de l'Edit de Commerce; & quoique cet article ne parle que des billets de Change, y ayant parité de raifon, il peut aufli s'appliquer aux Lettres de change, d'autant plus que l'article 18, du même titre, qui eft pour les Lettres de change, eft dans le même efprit. Et quoi-que l'experience faffe voir tous les jours que l'on tranfporte des Lettres de change, quoi-qu'elles

soient payables à un tel simplement, & qu'il n'y ait pas plus de vingt ans que la plûpart des Lettres de change, lors de l'écheance, se trouvoient accompagnées de plusieurs transports les uns sur les autres, tous passez pardevant Notaires, & que la raison fait voir que l'on n'auroit pas la proprieté [e] d'une Lettre de change, si l'on n'en pouvoit pas disposer ; & qu'il soit certain que la tradition de la Lettre de change, ensuite de la convention, en donne la proprieté à celuy à qui le Tireur l'a délivrée ; neânmoins comme cette Lettre ne peut être transportée qu'avec sa cause, toutes les exceptions du Tireur demeurent dans leur entier contre celuy qui s'en trouve le porteur, comme contre celuy de qui la valeur est déclarée ; parce qu'il ne peut pas avoir plus de droit que luy ; d'autant plus que le Tireur n'a donné aucune occasion de suivre sa foy, puisqu'il avoit marqué

[e] Propriè enim dominium est proprietas. *Duarenus disp.17.*Ita dominium definivit, jus de re aliqua corpoiali, plenè ac liberè disponendi; extra quam, si quid lege prohibeatur. *Gottofredus in rub. ff. acquir. rerum. Dom.*

D iiij

qu'il n'entendoit agir qu'avec celuy de qui la valeur est déclarée.

22 Et si la Lettre de change étoit payable à ordre, & si elle est passée à un tiers, le Tireur a encore la liberté de voir si elle n'appartient pas encore à celuy avec qui il est convenu, & dont la valeur est déclarée ; car en ce cas ses exceptions sont encore entieres : mais si la Lettre de change portoit pour valeur reçuë comptant, il seroit difficile d'opposer l'exception de ne l'avoir pas reçuë, parce que la confession faite dans la Lettre de change seroit au contraire, & l'on ne pourroit prouver cette exception que par les Livres, ou par le serment de celuy à qui la Lettre de change a été donnée. Que si la Lettre de change portoit valeur changée f, ou de quelque maniere qu'il parût que ce n'a pas été un payement réel & effectif ; en ce cas, l'exception seroit fondée par la Lettre de change même.

f Si recuses solvere eo quod asseras fuisse à te mihi solutas in confectione litterarum , quia mercatores non faciunt Litteras cambii , nisi pecunias recipiant : Ego possum replicare quod feci Litteras spe futuræ numerationis. Scaccia §. 2. Gloss. num. 7.

23. Mais si la Lettre de change appartient à un tiers en vertu des ordres, le Tireur ne peut se dispenser de la faire payer, de quelque maniere que la valeur soit déclarée, parce que lorsqu'il a donné sa Lettre de change, il a suivy la foy de celuy à qui il l'a donnée; & si elle a passé en d'autres mains; il ne peut plus la retirer, par la même raison, qu'un Vendeur *g* ne peut pas vendiquer sa marchandise, qui a passé de bonne foy entre les mains d'un tiers, losqu'il l'a venduë à credit, parce qu'elle est tellement devenuë propre de l'achepteur, qu'il en a pû disposer comme il a voulu ; & en la délivrant à un autre en vertu d'un ordre, il luy a transmis la proprieté. Et cette jurisprudence reçoit fort bien son application au fait des Lettres de change, puisque celuy qui la donne vend la creance qu'il a de celuy qui la doit payer ; ce que faisant à credit, il en

g Sed si is qui vendidit fidem emptoris sequutus fuerit dicendum est, statim rem emptoris fieri. *Inst. lib. 2. tit. 1.* §. 41. L. 19. ff. *de contrah. empt. Loiset Lett. P. num. 19.* & *Brodau eod. Bacquet des droits de Iustice, chapitre 21. num. 409.*

perd tellement la proprieté, que lorfqu'elle n'eſt plus entre les mains de
celuy avec qui il en a ſtipulé la valeur à temps, qui eſt ſon achepteur,
il ne peut plus la revendiquer, il
doit imputer à ſa facilité [h] le dommage qu'il en ſouffre, autrement il y
auroit de l'injuſtice, qu'un Tireur,
qui ne doit pas donner ſa Lettre ſans
la valeur, donnât occaſion par ſa
faute de tromper celuy qui traitte ſur
le credit & reputation de ſa Lettre.

La ſubſtance de ce Chapitre eſt
compriſe en quatre Maximes.

MAXIMES.

1 Comme le contract des Lettres
de change ſe fait pour l'utilité reciproque du Tireur, & de celuy qui en
donne la valeur, il ne peut ſe reſou-
dre ſans cauſe legitime, ou conſentement reciproque.

2 De même qu'un Achepteur peut
ſe diſpenſer de payer le prix ou le
repeter, lorſque depuis l'achapt il

---

[h] Quod quis ex culpa ſua damnum ſentit, non intelligitur damnum ſentire. *L. 203. ff. de regulis Iuris.*

furvient un danger apparent d'évi-
ction, à moins que l'on ne luy donne caution ou feureté : De même celuy qui a convenu de prendre une
Lettre de change, qui eft une efpece d'Achepteur, peut fe difpenfer
d'en payer la valeur, ou la repeter;
fi depuis la convention il furvient
quelque danger apparent que la Lettre ne fera pas payée, & qu'étant proteftée le Tireur ne pourroit pas en
payer le retour, à moins que l'on ne
donne caution ou feureté.

.3 De même qu'un Vendeur à credit ne peut fe difpenfer de délivrer
la chofe venduë, à moins qu'il ne furvienne quelque accident à l'Achepteur qui le rende inhabile d'en payer
le prix à l'écheance; de même celuy
qui a promis de fournir une Lettre
de change ne peut fe difpenfer de la
délivrer, à moins qu'il ne furvienne
quelque accident à celuy qui en a
promis la valeur qui le rende inhabile de la payer au temps convenu.

4 Tant que la Lettre de change
n'a point changé de proprieté; ce

luy qui l'a faite a ses exceptions
entieres : mais si la Lettre de change a changé de proprieté , il faut
qu'elle soit accomplie , sauf au Tireur ses actions contre celuy avec
qui il a traitté.

Chapitre. VI.

Du Porteur de Lettres de change.

1 APRE'S avoir parlé des deux
personnes qui contractent la
Lettre de change ; le Porteur est le
premier en ordre , dont il faut examiner le devoir & les droits.

2 La premiere chose qui regarde
le Porteur est la presentation & acceptation de la Lettre de change , &
il faut voir s'il peut être obligé de
presenter & faire accepter la Lettre
de change, & s'il peut obliger de
l'accepter.

3 Il semble inutile de parler de la
presentation , puisque l'Edit du mois
de Mars 1673. tit. 5. art. 2. a abrogé

le fimple vû ¹ qui fe mettoit fur les
Lettres de change à tant de jours de
vûë , pour en déterminer l'écheance
fans aucun engagement : Mais comme la difpofition de cèt Edit ne fait
pas Loy hors de France; que de plus
il excepte à l'article 7. le Reglement
accordé à la ville de Lyon , qui a
maintenu l'ufage de n'être obligé
d'accepter que les Lettres de change qui font payables à l'un des payemens qui fuivent les quatre foires,
& qui font; fçavoir, celuy des Rois
ou de la foire des Rois , depuis le
premier jour de Mars jufques au premier jour d'Avril; celuy de Pafques
ou de la foire de Pafques , depuis le
premier de Juin jufqu'au premier de
Juillet; celuy d'Aouft ou de la foire

¹ *Toutes les Lettres de change feront acceptées par écrit ,*
purement & fimplement , abrogeons l'ufage de les accepter
verbalement , ou par ces mots; veu fans accepter, ou ac-
cepté pour répondre au temps , & toutes autres accepta-
tions , fous condition, lefquelles pafferont pour refus ; &
pourront les Lettres être proteftées. Edit du mois de Mars
1673. titre 5. article 2.
N'entendons rien innover à nôtre Reglement du fecond
jour de Iuin 1667. pour les acceptations , les payemens ,
& autres difpofitions concernant le commerce dans nôtre
ville de Lyon. Article 7.

d'Aouft, depuis le premier jour de Septembre jufqu'au premier d'Octobre; & celuy des Saints, ou de la foire de la Touffaints, depuis le premier Decembre jufqu'au premier Janvier. Il faut examiner la queftion entierement.

4. Le Porteur ne peut être obligé de prefenter & faire accepter la Lettre de change, qu'entant que c'eft l'interêt du Tireur ou de celuy qui en a donné la valeur, ou de ceux qui ont paffé les ordres, par le moyen defquels elle luy eft parvenuë.

5. Le Tireur n'a aucun interêt en l'acceptation de la Lettre de change, parçe qu'il n'eft pas liberé par la feule acceptation; il eft obligé jufqu'au payement [1] à fon écheancé, fuivant l'ufage univerfel. Il ne peut donc avoir interêt qu'à la prefentation, & encore de celles feulement qui font à vûë, ou à tant de jours de vûë, afin que l'écheance en foit déterminée ;

---

[1] Scribentes Litteras cambii femper tenentur ad pecunias in eorum litteris contentas perfolvendas, actoribus donec appaicat fuiffe folutas & fatisfactas per illos, folvere debentes in litteris deputatos. *Rota Genuenf. decif.* 1. num. 6. decif. 8. num. 19.

mais pour les autres dont l'écheance
est fixée par le jour du mois, par l'u-
sance, par les payemens, ou par la
foire, la presentation en est inutile
à son égard.

6 Il s'agit donc de sçavoir si faute
par le Porteur d'avoir presenté la
Lettre de change à vûë, ou à tant de
jours de vûë dans un temps convenable, il est responsable des évenemens qui peuvent arriver, ensorte
qu'il n'ait point de recours contre le
Tireur; ce qui s'expliquera mieux
par un exemple arrivé en l'année
1675.

7. Un particulier François étant à
Treves au service du Roy, écrivit
au mois de May 1675. à son frere negociant à Paris, de luy tirer à courts
jours la somme de deux mille livres:
ce frere de Paris en traita avec un
Banquier de Paris à deux pour cent
de sa perte, (c'est-à-dire qu'il ne re-
çut que dix-neuf cens soixante livres
pour les deux mille liv. qui seroient
reçuës à Treves) il donna le 12. Juin
sa Lettre de change payable à huit
jours de vûë à l'ordre de ce Banquier

pour valeur reçuë: Ce Banquier qui
avoit donné la valeur la negocie le
même jour avec un autre Banquier,
à la même condition de deux pour
cent de perte, & met fon ordre payable à celuy de ce dernier Banquier.

8 Dans ce temps-là il y avoit des
ordinaires reglez de Paris à Treves
qui partoient deux fois la femaine, &
faifoient le voyage d'une Ville à l'autre en cinq jours de temps avec toute liberté ; ces ordinaires ont été librement, & le commerce de Paris à
Treves a été ouvert jufqu'au quatre
d'Aouft que la Ville de Treves a été
inveftie, enfuite affiegée & prife; dans
cet intervale de temps, depuis le 12.
Juin jufques au 4. d'Aouft, le Tireur & le premier Banquier ont fou-
vent follicité le dernier d'envoyer la
Lettre de change, & il leur difoit l'a-
voir envoyée.

9 Quoi-qu'il y ait eu liberté de
commerce & chemin ouvert de Paris
à Treves, depuis le 12. Juin jufques
au 4. d'Aouft, cette Lettre de change n'a pas été prefentée. Cependant
ce François qui étoit à Treves, & qui
avoit

avoit ordonné qu'on luy tirât à courts
jours, a toûjours tenu l'argent prêt
depuis qu'il a eu l'avis que cette Lettre de change luy avoit été tirée : la
Ville a été prife, luy prifonnier de
guerre, la fomme deftinée au payement de cette Lettre de change, tout
l'argent qu'il avoit outre cela & fes
hardes, tout a été pris par les enne-
mis.

10 Quelque-temps après la prife de
Treves ce dernier Banquier a rapporté la Lettre de change au Tireur,
& luy a demandé la reftitution de la
valeur, parce qu'il fçavoit que les
chofes n'étoient plus en état à Treves que cette Lettre pût être payée.

11 Le Tireur foûtenoit qu'il ne
pouvoit être obligé de rendre la valeur, parce que le dernier Banquier
n'avoit pas dû laiffer paffer un fi long-
temps fans envoyer la Lettre de change, d'autant plus qu'il en avoit été
preffé ; & qu'ainfi le fonds qui devoit
fervir à payer cette Lettre ayant été
pris par fa negligence, c'étoit à fes
rifques.

Les fentimens des negocians étoient
partagez.   E

12 Les uns étoient d'avis que le Tireur de Lettre de change devoit rendre la valeur, parce que les Lettres
étant à tant de jours de vûë, le Porteur peut la faire prefenter quand
bon luy femble, n'y ayant point de
temps limité, pouvant s'il eft Banquier, comme dans l'efpece, la negocier d'une place à l'autre, felon fa
commodité; & s'il eft voyageur, n'é-
tant pas certain du temps auquel il
arrivera dans la Ville où la Lettre
de change eft payable: & quand on
voudroit regler ce temps, il faudroit
fuivre la difpofition du titre 5. article 13. de l'Edit du mois de Mars
1673. qui porte que les Porteurs de
Lettres de change feront tenus de
pourfuivre en garantie les Tireurs
dans les delais portez, fuivant la diftance des lieux; Treves eft une ville d'Allemagne pour où le delay eft
de trois mois.

13 Que les ordinaires en cinq jours
de temps ne font pas à confiderer,
parce qu'un homme n'eft pas obligé
d'aller exprès en pofte pour prefenter la Lettre; mais peut y aller à fa
commodité.

14 Les autres étoient d'avis qu'en affirmant par le particulier qui étoit à Treves, que lorſque la Lettre de change a été tirée, & juſques à la priſe de la Ville, il avoit l'argent prêt pour la payer, la perte doit être aux perils, riſques & fortunes du dernier Banquier.

15 Cette opinion eſt la plus raiſonnable, ſi l'on conſidere bien la nàture & les proprietez du contract de Change, qui ſont les voyes les plus certaines pour decider juſte, comme il ſera montré cy-aprês.

16 Ce n'eſt pas que la reſolution de cette queſtion ne ſoit difficile par ſa nouveauté ; car encore que pluſieurs Autèurs ayent écrit des Lettres de change, il n'y en a aucun qui l'ayent traitée. Sigiſmond Scaccia Juriſc. Romain, qui a écrit fort amplement en l'année 1617. de tout ce qui regarde le commerce de Change, & qui a paraphraſé & fait des gloſes ſur chaque mot qui entrent dans la compoſition d'une Lettre de change, n'a rien dit des Lettres de change à tant de jours de vûë ; quoi-qu'il ait parlé

des les Lettres à vûë , à tant d'un
tel mois, à ufance & en payemens;
ce qui donne lieu de croire qu'en ce
temps-là l'on n'avoit pas encore pratiqué ce terme de payement.

17 Dans la thefe generale le point
de la difficulté eft de fçavoir fi le Porteur eft abfolument maître de ne prefenter la Lettre de change que quand
bon luy femble, pour faire commencer ces jours de vûë, & donner lieu
à l'écheance de la Lettre ; & fi cependant tous les rifques font à la
charge du Tireur , ou fi le Porteur
eft obligé de prefenter la Lettre dans
un certain temps paffé, lequel la Lettre de change eft tellement à fes rifques, que pourvû que le fonds pour
là payer fut entre les mains de celuy
fur qui elle eft tirée , le Porteur ne
puiffe recourir fur le Tireur.

18 Pour refoudre cette difficulté,
il faut rappeller les principes pofez
dans le Chapitre quatriéme.

Nous avons montré : *Primò*, que le
contract de Change eft une efpece
d'achapt & vente.

Secundò, Que c'eft un contract de
bonne foy.

Tertiò, Que ce contract eſt fait pour l'utilité des deux Contractans, qui font le Tireur & celuy qui donne la valeur, & non pas pour l'utilité particuliere de l'un des deux.

19 Prenant donc les maximes de ces principes, & les appliquant à la queſtion, l'on en tirera une deciſion certaine.

20 Premierement, lorſque le contract d'achapt & vente m eſt parfait, & que le Vendeur n'eſt point en demeure pour la délivrance, le peril & l'avantage qui arrive appartient à l'Achepteur; appliquant cette maxime à la queſtion, le Tireur qui eſt le Vendeur n'ayant point été en demeure de faire délivrer au Porteur, (qui repreſente l'Achepteur) l'argent qui étoit à Treves, il faut conclurre qu'il étoit aux riſques de l'Achepteur, qui eſt le Porteur.

m Quum autem emptio & venditio contracta ſit, quod effici diximus, ſimul atque de pretio convenerit, cum ſine ſcriptura res agitur, periculum rei venditæ ſtatim ad emptorem pertinet : tametſi adhuc ea res emptori tradita non ſit, &c. Quidquid enim ſine dolo & culpa venditoris accidit, in eo venditor ſecurus eſt. *Inſt. de emp. & vend.* §. 3. L. 4. ff. de peric. & comm. rei vend. L. r. & 4. Cod. eod. L. 2. §. 1. ff. de in diem addictione.

21 Secondement, dans les contracts n de bonne foy, il faut juger
ex bono, & æquo, en interpretant les
termes selon l'équité, & non à la Lettre, comme dans les contracts de
Droit étroit.

· Or pour interpreter les termes d'u-
ne Lettre de change à tant de jours
de vûë selon l'équité, il faut dire que
le Porteur est obligé de la presenter
dans un temps convenable; car si l'on
vouloit qu'il eut la liberté de differer autant qu'il voudroit la presentation, ce seroit l'interpreter comme
un contract de Droit étroit, où l'on
s'attache à la Lettre : Mais ce seroit
encore contre l'équité, parce que le
Tireur ne seroit jamais dégagé, &
seroit soûmis à tous les évenemens.

22 Troisiémement, puisque le contract de Change est pour l'utilité
d'un chacun des contractans, il ne
faut pas que l'un des deux aye toute
l'utilité & toute la liberté , & que
l'autre soit exposé à toute la perte

n In bonæ Fidei judiciis libera potestas permitti videtur judici ex bono & æquo æstimandi. *Inst. de actionib.*
§. *30.*

fans aucune liberté. Or il eft conftant que fi le Porteur n'avoit aucune
obligation de prefenter la Lettre
dans un temps convenable, il auroit
toute l'utilité, parce qu'il recevroit
quand bon luy fembleroit ; s'il voyoit
une augmentation de monnoye prochaine, il fe hâteroit ; s'il voyoit une
diminution, il retarderoit, il auroit
toute la liberté , & le Tireur feroit
expofé à toutes les pertes, quoi-qu'il
n'eut aucune liberté , puifqu'il eft
certain qu'il n'eft pas en fon pouvoir
de ne pas payer la Lettre de change,
& s'exempter des dommages & interêts fi la Lettre de change eft proteftée lorfqu'il en a reçu la valeur,
ou que la Lettre eft paffés au pouvoir
d'un tiers , comme il a été expliqué
au Chapitre precedent. Par confequent, afin que l'utilité foit refpective, il faut que l'obligation foit reciproque ; & puifque le Tireur eft
obligé de faire payer la Lettre de
change lorfque le payement fera demandé, il faut que le porteur foit
obligé de faire demander le payement dans un temps convenable.

E iiij

23 Et pour déterminer le temps convenable, le public auroit besoin d'un Reglement, cependant c'est aux Juges à l'arbitrer, & l'on croit qu'équitablement si la Lettre a été donnée à une personne pour son voyage, l'on peut doubler les journées du chemin, que si c'est dans le commerce, l'on peut doubler les ordinaires.

24 Dans l'hypothese proposée il y a encore deux circonstances remarquables, qui concourent à la decision suivant les principes.

25 L'une est que le Tireur a donné deux pour cent pour faire exiger l'argent qui étoit à Treves; ensorte que son utilité n'est pas gratuite, puisqu'elle a un prix au moyen duquel le Porteur étoit bien plus obligé de faire recevoir promptement cet argent, que si c'étoit luy qui eut donné un prix pour avoir cette Lettre, ou même si la convention avoit été au pair.

26 L'autre circonstance est, que le Porteur a été plusieurs fois enquis & sollicité pour l'envoy & le recouvrement du payement de cette Lettre,

ce qui le met dans un dol º réel de n'avoir pas exigé ce qu'il pouvoit facilement exiger.

27. Et l'opinion contraire n'est pas bien fondée, sur ce qu'il n'y a pas un temps limité ; étant à tant de jours de vûë ; car outre ce que nous avons dit cy-deſſus, que dans le contract d'achapt & vente, le riſque eſt à l'Achepteur, lorſqu'il n'a tenu qu'à luy de recevoir la choſe acheptée, qui ſert de moyen ſuffiſant pour détruire ce pretendu fondement : c'eſt qu'il faut en venir à l'équité en fait de Lettres de change, & moderer cette liberté du Porteur, pour preſenter la Lettre à un temps convenable ; de même que l'on a fait pour les proteſts des Lettres de change. Car encore qu'avant l'année 1664. il n'y eût aucun Reglement qui portât obligation de proteſter les Lettres de change dans un certain temps limité, & que le Porteur ſemblât être dans une liberté entiere ; neanmoins par

_____

o Dolus eſt ſi quis nolit perſequi, quod perſequi po-, teſt, aut ſi quis non exegerit, quod exigere poteſt. *L.* 44. *ff. Mandati.*

Arreſt du Parlement de Paris du 7.
Septembre 1630. P la Cour jugea que
le Porteur étoit reſponſable de ſa
negligence , ayant laiſſé paſſer dix
jours ſans faire le proteſt ; ainſi par
une pareille équité, l'on doit imputer au Porteur la negligence de
n'avoir pas preſenté la Lettre dans
un temps convenable.

28 Et l'application de l'article 13.
du titre 5. de l'Edit du mois de Mars
1673. n'eſt pas juſte , parce que cet
article n'eſt que pour les pourſuites
en garantie qui ſe font contre le Tireur & les endoſſeurs , au lieu qu'il
s'agit d'une preſentation à celuy ſur
qui la Lettre de change eſt tirée. Et
pour obſerver la difference, c'eſt que
l'acte qui ſe fait contre celuy ſur qui
la Lettre de change eſt tirée, qui eſt
le proteſt , doit être fait dans les dix
jours, ainſi qu'il eſt porté par l'article 4. du même titre ; au lieu que
pour la pourſuite en garantie il y a
quinze jours.

29 Enfin pour ne rien obmettre de
ce qui a quelque rapport à la queſ-

p _Iournal des Audiences._ Livre 2. Chap. 67.

tion, il y a une efpece qui a affez de
conformité à celle-cy dans la Loy
39. q au digefte *de folutionibus*, l'on
doit faire un payement, le creancier
ordonne de mettre la fomme dans un
fac cacheté en dépôt chez un Banquier, jufques à ce que l'on ait examiné fi tout l'argent eft bon : Le Ju-
rifconfulte répond qu'elle eft aux rifques du Creancier principalement,
s'il n'a tenu qu'au Creancier que l'argent fut d'abord examiné ; car pour
lors il faut confiderer le Debiteur
comme étant tout prêt à payer, &
que le Creancier pour quelque caufe
n'eût pas voulu recevoir. Dans nôtre
cas, il n'a tenu qu'au Porteur de prefenter la Lettre pour la recevoir ;
par confequent l'argent qui étoit à
Treves doit être à fes rifques : Par
tout ce qui a été dit cy-deffus, l'on
peut conclurre que le Porteur eft ob-

---

q Si foluturus pecuniam tibi, juffu tuo fignatam eam
apud nummularium , quoad probaretur depofuerit tui
periculi eam fore. *Mela, lib. 10. fcribit,* quod verum eft :
Cum eo tamen, ut illud maxime fpectetur, an per te fte-
terit, quominus in continenti probaretur : nam tunc perinde habendum erit, ac fi parato me folvere, tu ex aliqua
caufa accipere nolles. *L. 39. ff. de folutionibus.*

ligé de prefenter la Lettre de change,
qui eft à tant de jours de vûë dans
un, temps convenable, autrement il
n'y a pas de recours en cas d'accident, que conformement à l'article 16. r du titre 5. de l'Edit du mois
de Mars 1673.

30 Quoi-que celuy qui a donné la
valeur de la Lettre de change, & les
endoffeurs ayent grand interêt que
la Lettre de change foit acceptée,
parce qu'ils acquierent un nouvel
obligé folidairement avec le Tireur;
neanmoins le Porteur n'eft pas obligé de la faire accepter, s'il n'en a
point d'ordre de celuy qui la luy a
envoyée : mais ayant eu ordre f de
rechercher l'acceptation s'il negli-
geoit de l'executer, fuivant l'occur-

---

r *Les Tireurs ou Endoffeurs des Lettres de change feront*
tenus de prouver en cas de denegation, que ceux fur qui
elles étoient tirées leur étoient redevables, ou avoient pro-
vifion au temps qu'elles ont dû être proteftées, finon ils
feront tenus de les garantir. Edit de 1673. tit. 5. art. 16.

f Qui mandatum fufcepit, fi poteft id explere, defere-
re promiffum officium non debet : alioquin, quanti man-
datoris interfit, damnabitur : fi vero intelligit explere fe
id officium non poffe, id ipfum, cum primùm poterit
debet mandatori nunciare, uti, fi velit alterius opera utatur : quod fi cum poterit nunciare, ceffaverit, quanti man-
datoris interfit, tenebitur. L. 27. §.2. ff. mandati.

rence, il pourroit être tenu des dommages & intérêts que fa negligence auroit caufez.

.31 Ce n'eft pas que pour l'ordinaire le Porteur fait accepter la Lettre de change, & même s'il y a plufieurs ordres avant qu'elle luy parvienne, elle eft acceptée ; & celuy qui a donné la valeur envoye ou la premiere ou la feconde à cet effet à quelqu'un de fes correfpondans ; fi-bien que fi la premiere eft envoyée pour faire accepter, la negociation & les ordres font fur la feconde, qui eft conçuë comme la premiere, fi ce n'eft qu'il eft exprimé qu'elle ne peut fervir qu'à fon défaut.

32 EXEMPLE.

A Paris ce 18. Aouſt 1679. pour ▽.1000. à 55. d. ſter

MONSIEUR,

*A deux uſances, il vous plaira payer par cette ſe-
conde Lettre de change, n'ayant payé par la premiere
à l'ordre de Monſieur Thomas la ſomme de mille
écus, à cinquante-cinq deniers pour écu, pour valeur
reçuë comptant de Monſieur Amader & mettez à
compte, comme par l'avis de*

⌐A Monſieur,   *Vôtre tres-humble ſerviteur.*
Monſieur Hilaire.   *Simeon.*
A Londres.

33 Lorſque la Lettre de change eſt
preſentée à celuy ſur qui elle eſt tirée, s'il fait refus de l'accepter par
écrit, le Porteur la fait proteſter par
deux Notaires, ou un Notaire & deux
témoins, ou par un Huiſſier ou Sergent avec deux Recors, ſuivant l'article huit du titre 5. de l'Edit de commerce du mois de Mars 1673. †

---

† *Les proteſts ne pourront être faits que par deux Notaires, ou un Notaire & deux témoins, ou par un Huiſſier ou Sergent, même de la juſtice Conſulaire, avec deux
Recors, & contiendront le nom & le domicile des témoins
ou Recors. Edit du mois de Mars 1673. titre 5. article 8.*

34 Il faut entendre cet article fuivant les differens ufages des lieux,
pour la paffation des actes. Car à Paris tous les actes authentiques pour
être valables doivent être reçus par
deux Notaires ; ainfi fi l'on faifoit
faire un proteft par un Notaire &
deux témoins, il ne feroit pas bon. De
même à Lyon, où les actes font reçus
par un Notaire en prefence de deux
témoins; fi l'on faifoit faire un proteft
par 2. Notaires fans témoins, il feroit
contre l'ufage, & par confequent nul.

35 A Paris l'on voit peu de protefts
faits par deux Notaires, le plus ordinaire étant de les faire faire par
un Huiffier ou Sergent & deux Recors : mais à Lyon l'ordinaire eft de
les faire faire par un Notaire & deux
témoins, à peu près en cette forme.

36 En la prefence du Notaire
Royal fouffigné, & des témoins aprês
nommez, Sieur   a prefenté
à Sieur   une Lettre, de laquelle la teneur s'enfuit u

u Dans l'acte de proteft les Lettres de change feront
tranfcrites, avec les ordres & les réponfes s'il y en a, &
la copie du tout fignée fera laiffée à la partie fur peine de
faux, & des dommages & interêts. Sufdit Edit art. y.

fommant & interpellant ledit Sieur
de la vouloir accepter pre-
fentement, pour la payer à la forme
d'icelle, proteftant au refus de tous
dépens, dommages & interêts, Changes & rechanges, de prendre ladite
fomme au cours de la place de cette
Ville, fur & contre qui il appartien-
dra, & de s'en prévaloir fur telle place qu'il avifera bon être, & ce parlant à   qui a fait réponfe
dont ledit Sieur perfi-
ftant en fes proteftations a demandé
acte, & a été donné copie. Fait à
Lyon.

37 S'il y a des ordres à la Lettre de
change, il faut les tranfcrire en tranf-
crivant la Lettre, & s'il y a des tranfports, il en faut faire mention.

La Maxime que l'on peut tirer de ce
Chapitre eft.

MAXIME.

Quoi-que le Porteur ne foit pas
obligé fans ordre de faire accepter les
Lettres de change, il doit neanmoins
                                    prefenter

préfenter dans un temps convenable, celles à tant de jours de vûë, pour en déterminer l'écheance ; & faute de le faire, il est responsable du rifque.

CHAPITRE VII.

De l'effet que peut produire le protest faute d'acceptation.

1 CE feroit inutilement que le Porteur d'une Lettre de change la feroit protester faute d'acceptation ; si ce protest ne produisoit aucun effet, il faut donc voir quand le protest faute d'acceptation peut produire quelque effet, & quel peut être cet effet.

2 Il eft certain que le protest faute d'acceptation d'une Lettre de change payable dans une place où l'usage n'est pas d'accepter ne peut produire aucun effet x, puisqu'il n'est pas au

---

x Protestatio non prodest, in his, quæ à potestate protestantis non dependent. *Scaccia* §. 1. quæst. 7. part. 2. ampliat. 8. num. 300. in fine.

F

pouvoir de celuy qui protefte d'aller
contre l'ufage, & il n'y a que le proteft fait à l'écheance faute de payement, qui puiffe produire le retour,
& recours avec Changes & rechanges, à moins que la Lettre de change
ne portât la condition d'accepter à la
prefentation pour payer au temps,
comme l'on en voit quelquefois.

3 Il eft auffi certain que le proteft
faute d'acceptation d'une Lettre de
change payable en foire, ou payement
qui auroit été fait hors le temps de la
foire & du payement, & avant le
temps prefcrit par les Reglemens, ne
pourroit produire aucun effet, parce
qu'il feroit prematuré & contre la
difpofition de la Loy : Il faut donc
que le Porteur s'attache precifément
à l'ufage & aux Reglemens ; par
exemple, à Lyon, il ne peut faire
protefter faute d'acceptation, que
les Lettres de change qui font payables en payemens, à moins que la
Lettre de change ne portât autrement, comme il vient d'être dit, &
encore les Lettres payables en payemens, il ne faut les faire protefter

faute d'acceptation que le septiéme
jour du payement, suivant la disposition expresse du premier article du
Reglement du mois de Juin 1667. autrement le protest seroit precipité &
nul, & par consequent ne pourroit
produire aucun effet.

4 Mais le protest faute d'acceptation étant fait pour les Lettres payables en foires, ou payemens dans le
temps permis ; & pour les autres Lettres de change en une place où l'usage n'y soit pas contraire, il est certain qu'il doit produire quelque effet.

5 Cet effet n'est pas toûjours le
même, il est different, suivant le lieu
où la Lettre de change doit être
payée, comme si c'est en foire ou
payemens de Change, comme à Lyon,
Nouë, Frankfort, Bolzan & autres,
le Porteur peut à l'instant s'en prévaloir y; c'est-à-dire retirer, & le

y Tenere debemus secundum veram Juris resolutionem
& Doctorum veriorem sententiam, quod scribens Litteras cambii sit obligatus ad faciendum eas acceptari & com-
pleri, vel ad reddendam pecuniam. *Rota Genuens. decis*
4. num. 8.

Litteræ quæ non fuerunt acceptatæ ab illis quibus erant
directæ, imo protestatio damnorum, & interesse secuta

Tireur ne peut se dispenser de payer, avec les dommages & interêts, qui sont les frais du protest & retour, que l'on expliquera cy-après ; à quoy il est condamné par corps, non seulement suivant l'article 4. du titre 34. de l'Ordonnance du mois d'Avril 1667. l'article premier du titre 7. de l'Edit du mois de Mars 1673. mais encore suivant l'usage universel de toutes les places.

6 Si la Lettre de change n'est pas payable dans un lieu où il y ait foire ou payement, ou qu'elle ne soit pas payable en payemens, mais à usances ou à un terme un peu long, le Porteur ne peut pas se prévaloir ny retirer sur un protest faute d'acceptation, & le Tireur ne peut pas être contraint de rendre la valeur, n'y à au-

fuit ob moram interesse incurrit. *Rota Genuens. decis. 57. num. 2.*

Deffendons à nos Cours & à tous autres Iuges de condamner aucuns de nos Sujets par corps en matiere civile, sinon & en cas, &c. de Lettre de change, quand il y aura remise de place en place. Ordonnance du mois d'Avril 1667. titre 34. art. 4.

Ceux qui auront signé des Lettres ou Billets de charge pourront être contraints par corps, &c. Edit du mois de Mars 1673. titre 7. art. 1.

cuns dommages & interêts, qu'en
vertu d'un protest faute de payement
fait à l'écheance, la raison en est é-
vidente ; c'est que le Posteur recevroit le remboursement avant le
temps contre le gré du Tireur, ce
qui ne se peut.

7 Tout ce qu'on peut exiger d'un
Tireur sur un protest faute d'acceptation d'une Lettre de change de la
qualité cy-dessus, c'est de donner des
seuretez z qu'elle sera payée en son
temps, comme des gages ou nantisse-
mens, ou caution solvable ; & en cas
de refus, l'on pourroit contraindre
à rendre la valeur, parce que le protest faute d'acceptation produit une
juste présomption que la Lettre ne sera pas payée à l'écheance, & le Tireur ne peut la détruire qu'en donnant des assurances valables au contraire.

8 La raison de la difference de
l'effet du protest faute d'acceptation

z In omnibus bonæ fidei judiciis cum nondum dies præ-
standæ pecunia venit, si agat aliquis ad interponendam
cautionem ex justa causa condemnatio fit. *L. 41. ff de ju-*
diciis, L. 31. ff. de reb. auth. Iud. poss. L. si ab arbitrio in
fine ff. qui satis dare cogantur.

des Lettres payables en foire ou payement, & du proteſt faute d'acceptation des Lettres payables à d'autres
termes, eſt que la Lettre qui eſt payable en payement ou en foire eſt é-
chué, auſſi-tôt qu'elle doit être acceptée, & peut être payée, puiſque
d'abord que la foire où le payement
eſt ouvert, le terme qui luy eſt donné eſt venu, au lieu que l'écheance
des autres eſt encore eloignée.

9 Que ſi l'on oppoſe que l'on ne
peut obtenir des contraintes avant la
fin de la foire, ou du payement qu'il
faut differer, à s'en prévaloir juſqu'à
la fin, parce qu'il ſe pourra faire
qu'avant la fin de la foire ou du payement elle ſera acceptée & payée. Il
eſt aiſé de répondre que la durée de
la foire & du payement eſt donnée
pour faciliter les negociations &
payemens, & non pas pour les retar-
der, afin que chacun paye ce qu'il
doit en foire ou en payement, & diſ-
poſe de ſes effets, il eſt neceſſaire
que lorſqu'il preſente une Lettre de
change, il ſoit aſſuré de l'état qu'il
en doit faire, afin qu'il puiſſe pren-

dre ſes meſures, & donner un ordre
à ſon commerce.

10 Et c'eſt pour cette raiſon que
le reglement de la place de Lyon du
mois de Juin 1667. porte à l'article
premier que les acceptations des Lettres de change commenceront en l'aſ-
ſemblée qui ſe fera à cet effet le premier jour du mois de chaque payement, & continuëra juſqu'au ſixiéme
jour incluſivement, après lequel les
Porteurs des Lettres de change pourront les faire proteſter faute d'acceptation, & les renvoyer pour en retirer le rembourſement avec les frais
du retour.

11 Cet article permet.

Primò, De proteſter faute d'acceptation après le ſixiéme jour incluſivement.

Secundò, Sur un tel proteſt, de renvoyer la Lettre de change en tirer
le rembourſement, avec les frais du
retour.

Et comme il ne parle que des Lettres payables en payement, il n'a pas
d'application pour les autres.

Ce Chapitre fournit 3. Maximes.

F iiij

MAXIMES.

1 Le proteſt faute d'acceptation fait prematurément ne produit aucun effet.

2 Le proteſt faute d'acceptation deuëment fait en foire ou payement, produit un retour ſans attendre la fin de la foire ou du payement.

3 Ce proteſt faute d'acceptation fait en place où l'on accepte, ſoit par l'uſage ou par l'ordre de la Lettre, ſert pour obliger le Tireur à rendre la valeur, ou à donner des ſeuretez qu'elle ſera payée à l'écheance.

CHAPITRE VIII.

Des acceptations des Lettres de change.

1 PAR l'acceptation celuy à qui la Lettre de change eſt adreſſée s'en rend debiteur principal, & le Tireur n'en demeure plus que garant ſolidaire pour le payement ; mais ce n'eſt pas toûjours au profit du Por-

teur : car il y a deux cas aufquels le
Porteur n'en reçoit pas le payement,
& le proteft qu'il en fait ne luy donne aucun recours contre le Tireur.

2 Le premier eft lorfque celuy fur
qui la Lettre de change eft tirée fe
trouve creancier de celuy qui en a
donné la valeur, alors il peut accepter la Lettre de change pour payer
à foy-même, étant bien jufte qu'a-
vant qu'il paye pour fon debiteur,
ou à fon acquit, il foit payé luy-mê-
me.ᵃ, & pour lors il fait une compenfation de ce qui luy eft dû avec
la Lettre de change. Cette compenfation eft un veritable payement,
pourvû que ce qui luy eft dû foit en
état de compenfation.

3 Quoi-que ce foit un ufage ordinaire en Italie, à Lyon & ailleurs,
fondé en raifon & en équité, autorifé par des Sentences de la confervation, confirmées par Arrefts ; neanmoins ceux qui n'ont pas vû agiter

a Ideo compenfatio neceffaria eft, quia intereft noftrâ,
potiùs non folvere, quam folutum repetere. L. 3. ff. de
compenfat.
Qui enim compenfat, folvit. Rota Genuenf. decif. 26.
num. 32. decif. 214. num. 5.

cette queſtion ont peine à comprendre d'une premiere vûë la juſtice d'u-
ne telle acceptation ; mais comme elle eſt conforme aux principes, il eſt
à propos d'en démontrer l'évidence
pour ôter tout ſujet d'en douter.

4 Il eſt certain, comme nous l'a-
vons montré dans le Chapitre quatriéme, que le contract de Change
ſe fait entre le Tireur & celuy qui
en donne la valeur ; car ny le Porteur, ny celuy qui la doit payer, qui
ſont dans une autre place, ne donnent point leur conſentement à la convention qui s'en fait, & de conſequent il n'y a que le Tireur & celuy
qui en donne la valeur qui ſoient
parties principales, le Porteur de la
Lettre de change ne pouvant être
conſideré que,

5 Ou comme prepoſé pour en recevoir le payement, & comme procureur de celuy b, qui en a donné la
valeur.

6 Ou comme proprietaire de la
Lettre de change.

b Dum ſolvitur adjecto dicitur ſolvi creditori, quia re-
putatur procurator creditoris. *Scaccia* §. 2. *Gloſſa* 7. *n. 38.*

Si l'on confidere le Porteur de la premiere maniere comme procureur de celuy qui en a donné la valeur [c], perfonne ne doute que celuy qui doit payer la Lettre de change ne puiffe luy oppofer la même compenfation qu'il pourroit oppofer à celuy qui eu a donné la valeur : Or il eft certain que fi celuy qui doit payer la Lettre de change eft creancier [d] de celuy qui en a donné la valeur, la compenfation fe fait de droit, & par confequent

7 Si l'on confidere le Porteur de Lettre de change comme en étant le proprietaire, il ne l'eft que par la mediation & par la ceffion que luy en fait celuy qui en a donné la valeur, fans laquelle la Lettre de change n'auroit pas été faite. Or c'eft une maxime, que l'on ne peut pas être de meilleure condition [e] que fon

[c] Negocium præfumitur pertinere principaliter ad eum, qui numerat pecuniam, quia præfumitur pecunia fua, & appofitus folutioni videtur adjectus, tanquam fimplex procurator. *Scaccia* §. 2. *Gloffa* 7. *num* 68.

[d] Si conftat pecuniam invicem deberi, ipfo jure pro foluto compenfationem haberi oportet. *L. 4. Cod. de compenfat.*

[e] Non debeo melioris conditionis effe, quam author meus, à quo jus in me tranfit. *L. 175. §. 1. ff. de reg. jur.*

Auteur, par lequel l'on a droit ; par consequent si celuy qui a donné la valeur ne peut pas empêcher la compensation, le Porteur, qui ne peut avoir de droit que par luy, ne peut pas l'empêcher non plus.

8 Et quand même le Porteur pretendroit que la valeur eût été payée de ses deniers, il ne pourroit pas empêcher la compensation, à moins que la Lettre de change n'en fît expresse mention, parce que la Lettre de change ne peut appartenir qu'à celuy de qui la valeur est déclarée.

9 Car encore que le Porteur prouveroit qu'il a remis ses deniers, & donné ordre à celuy qui a donné la valeur de prendre la Lettre de change ; cela ne peut que luy donner une action contre celuy qui a donné la valeur, comme son commissionnaire de qui il a suivy la foy : mais nullement pour empêcher la compensation d'une Lettre qui ne peut luy appartenir que par celuy qui en a donné la valeur.

10 L'on ne doit donc plus douter que celuy à qui la Lettre de change

eſt adreſſée étant legitime creancier de celuy qui en a donné la valeur, il ne puiſſe l'accepter pour payer à ſoy-même par compenſation.

11 Car quoi-que quelques-uns ſoient d'opinion que l'article 2. du titre 5. de l'Edit de commerce ayant abrogé toute ſorte d'acceptation condition-nelle (puiſqu'il ordonne que les Let-tres de change ſeront acceptées pu-rement & ſimplement , & puiſque aprês avoir abrogé en termes exprês le vû ſans accepter, ou l'accepté pour répondre au temps , il conclud & tou-tes autres acceptations ſans condi-tion) inferant par ces derniers mots que l'acceptation pour payer à ſoy-même ſoit une acceptation ſous con-dition abrogée & défenduë par cet article ; enſorte que depuis l'Edit du commerce elle ne puiſſe plus être pra-tiquée. Neanmoins en penetrant cet article comme il le doit être , il n'em-pêche point cette acceptation.

Car ſi l'on examine les termes de cet article, (abrogeons l'uſage de les accepter verbalement , ou par ces mots, vû ſans accepter, ou accepté.

pour répondre au temps.) Cette con-
clufion (& toutes autres acceptations
fous condition) dans toute fon étenduë, l'on verra qu'elle détermine en
quoy doit confifter cette abrogation;
c'eft aux acceptations qui feront faites en des termes qui fufpendent l'engagement à l'avenir f, & que l'intention du Roy n'eft pas que l'Accepteur ne puiffe point abfolument faire que d'acceptations pures & fimples, ou qu'il n'en faffe point du tout,
puifqu'il dit , lefquelles pafferont
pour refus , & pourront les Lettres.
être proteftées, fous peine de l'abrogation de ces acceptations fufpenfi-
ves, & fous condition : L'on ne peut
donc pas difconvenir que l'Accepteur
n'ait la liberté de mettre à fon acceptation telle condition qu'il voudra,
en fouffrant un proteft qui fera paffer
la condition qu'il met pour un refus.

Maintenant, fuppofé que les acceptations pour payer à foy-même
foient comprifes dans la difpofition
de l'article 2. du titre 5. de l'Edit de

f Itaque tunc poteftatem conditionis obtinet cum in fu-
turum confertur. L.39. ff. de rebus creditis.

commerce (quoi - qu'elles doivent
paſſer pour des acceptations pures &
ſimples ; puiſque par de telles acceptations l'Acceptant, s'engage au
Donneur de valeur à l'inſtant ſans
aucune ſuſpenſion g au temps à venir,
& que le Donneur de valeur proprietaire de la Lettre de ₁change profite
d'abord de tout ce que porte la Lettre de change, qui ſont les qualitez
de l'acceptation pure & ſimple, au
lieu que la qualité de l'acceptation
conditionnelle c'eſt de ſuſpendre à
l'avenir l'engagement) ſuppoſé donc
que cette ſorte d'acceptation ſoit abrogée, pour toutes peines elles paſſe-
ront pour refus, & il y aura un proteſt à la requeſte du Porteur: L'effet
de ce proteſt eſt que le Porteur, s'il
eſt proprietaire de la Lettre de change recourre contre ſes auteurs, juſques au Donneur de valeur, & à ceux
qui ſont cauſe de la qualité de cette
acceptation ; que s'il n'eſt pas pro-

g Nam conditionis propria & præcipua poteſtas eſt ſuſ-
pendere, differre, morari. Hanc poteſtatem non habet conditio, quæ refertur ad præſens, vel præteritum tempus,
ergo non eſt proprie conditio. *Cujac. ad leg.* 37. & 39. ff.
de reb. cred. in lib. 1. defin.. Papin. Ed. 1658. tom. 4. Colom. 624.

prietaire qu'il la renvoye à fes auteurs, fans fe mettre en peine d'autre chofe ; car de recourir contre le
Tireur, la qualité de payer à foy-même ne luy en donne aucun droit, par
la raifon qu'elle ne procede pas de
fon fait ; mais du fait du Donneur de
valeur, que perfonne ne porte la peine de la faute & du dol d'autruy [h], &
que le dol doit nuire à celuy feulement qui l'a commis, comme le Donneur de valeur ; car le Tireur a plei-
nement fatisfait à tout ce qu'il doit,
& eft entierement liberé dês lors que
fa Lettre de change eft acceptée &
payée, à l'acquit de celuy avec qui il
a traitté, qui eft le Donneur de valeur, comme elle l'eft par l'acceptation qui en eft faite pour payer à foy-
même en compenfation de fa dette [i].

Et le Porteur eft d'autant plus non-
recevable à agir contre le Tireur,

[h] Ex culpa alterius non debet quis pœnam pati. *Gloffa
in L.meminerint N.Cod.und.6.* Dolus ei duntaxat nocere
debet, qui eum admifit. *L. 9. ff. quæ in fraudem.*
Ne ex aliena malignitate, alienum damnum emergat.
L. 12. Cod. de acquir. vel retin. poffeff.

[i] Ipfo jure pro foluto compenfationem haberi oportet.
L. 4. Cod. de comp.

qu'il ne peut pas avoir plus de droit
que le Donneur de valeur, qui eft
fon auteur, comme il a montré. Or
fi ce Donneur de valeur vouloit recourir contre le Tireur, le Tireur
n'auroit qu'à luy dire, c'eft à vous à
vous garentir, puifque c'eft vôtre
fait [1].

Que fi le Porteur ne peut pas recourir contre le Tireur en vertu du
proteft fait conformément à l'article
2 du titre de l'Edit du commerce,
nonobftant que celuy à qui elle eft
adreffée l'a accepté pour payer à foy-
même (comme il a été prouvé:) Il
faut voir s'il peut quelque chofe contre cet Accepteur. Par l'exacte dif-
cution cy-deffus faite des termes de
l'article, toute la peine des acceptations abrogées eft de paffer pour refus, & que les Lettres puiffent être
proteftées; & par confequent n'y aïant
aucun terme qui donne d'action au
Porteur contre cet Accepteur, quand
il a accepté pour payer à foy-même.
Il eft certain qu'il n'en peut pas avoir,
les Loix font de Droit étroit; elles

_____
[1] De tuo etiam facto cavere debes. L. 9. ff. mandat.

G

ne fouffrent pas d'extention au delà
de leurs termes ; fi l'intention du
Roy eût été que l'Accepteur eût pû
être engagé au Porteur par une telle
acceptation, l'article porteroit : &
convertiſſons toutes acceptations ſous
condition en pures, & ſimples ; mais
une telle clauſe auroit bleſſé la Juſtice, elle auroit contraint un Accepteur creancier du Donneur de valeur d'être le miniſtre de la fraude
que ſon debiteur luy fait, en negociant impunément une ſomme que la
bonne foy veut être employée à ſon
payement, cela eſt tellement contraire à l'intention de Sa Majeſté, que
par l'article 45. du même titre, elle
maintient les 1 devables, qui ſont les
Accepteurs, dans le droit de com-
penſer avec les proprietaires de la
Lettre de change, comme les Donneurs de valeur.

12 Cette queſtion éclaircie, il faut
voir fi le Porteur peut obliger cet acceptant de juſtifier ſa creance aux
termes de la compenſation ; & faute
de le faire, convertir ſon acceptation conditionnelle en pure & ſimple.

13 Si le Porteur de la Lettre de change n'a aucun interêt propre en la Lettre de change, il ne pourroit pas demander cette justification sans une procuration expresse de celuy qui en a donné la valeur, parce que celuy qui n'a aucun interêt est sans action ; & même l'on pourroit dire qu'il devroit agir au nom de celuy qui a donné la valeur, qui est le veritable proprietaire de la Lettre de change, parce qu'en France il n'y a que le Roy qui plaide par procureur.

14 Que si le Porteur est proprietaire de la Lettre de change en le prouvant, il pourroit obliger l'Acceptant à justifier sa creance ; mais parce que pour le faire dans l'ordre, la presence de celuy qui a donné la valeur, & qui est le debiteur réel ou présumé y est necessaire, il doit être mis en cause à la diligence du Porteur, comme étant son auteur ou son garant.

15 Comme c'est une maxime que la compensation ne se fait que de liquide à liquide, il est à propos de voir

quelle creance eſt reputée liquide &
& capable de compenſation, pour
ôter l'équivoque de ceux qui s'ima-
ginent qu'une creance n'eſt pas liquide, ſi elle n'eſt pas établie par des
titres d'execution parée qui eſt une
Sentence, un acte paſſé pardevant
Notaires, une Lettre de change acceptée ou proteſtée.

- 16 Une creance eſt liquide, lorſque la quantité en eſt certaine [m],
parce que liquide ne ſignifie que certitude de la ſomme ; liquide & certaine étans deux termes ſinonimes,
ainſi qu'il paroît par la Loy 4. au
Cod. de ſententia, quæ ſine certa quantita-
te profertur, & par l'Ordonnance du
mois d'Avril 1667. au titre 26. article 6. où il eſt dit que toutes Sentences, Jugemens & Arreſts qui condam-
neront à des interêts, ou à des arrerages, en contiendront la liquidation
ou calcul, c'eſt-à-dire, la ſomme cer-

m Hac ſententia, quæ bona accepiſti, ſolve: cum in-
certum eſſet, quid accepiſſet : quantumcumque ab eo pe-
teretur, præſertim cum ipſe, qui extraordinem judicabat,
interlocutus ſit dotem datam, quæ repetetur, non liqui-
dam eſſe, judicati authoritate non nititur. L. 4. Cod. de
ſent. quæ ſine cert. quant. prof.

taine : & le titre 30. eſt entierement
pour rendre certaine la quantité ou
le prix des fruits par la liquidation,
auſſi-bien que le titre 32. pour les
dommages & interêts.

17 Et même une creance dont la
ſomme n'eſt pas certaine, ne laiſſe
pas de paſſer pour liquide [n], pourvû
qu'elle puiſſe promptement être li-
quidée.

18 Et il eſt ſi vray que pour une
creance liquide il ne faut que la certitude [o] ſans titre d'execution, parce qu'une dette purement naturelle
entre en compenſation, une action
même & un procés peut être mis en
compenſation.

19 De quelle maniere donc que ſoit
la creance, pourvû que la quantité
en ſoit certaine, elle peut être com-
penſée, & la preuve peut en être fai-

n Pro liquido tamen habendum eſt, quod impromptu
liquidari poteſt. *Cod. Fab. de compenſat. defin. 2. num. 2.*
o Etiam quod natura debetur venit in compenſationem.
L. 6. ff. de compenſ. In compenſationem etiam id deduci-
tur, quo nomine cum actore licet conteſtata eſt, ne diligen-
tior, quiſque deterioris conditionis habeatur ſi ei compen-
ſatio denegetur. *L. 8. ff. de compenſat.*

te, soit par le serment p du debiteur,
soit par la seule confession, soit par
ses Lettres, ou par toute autre preuve legitime.

20 Si neanmoins le terme de la
creance n'étoit pas échu q, elle ne
pourroit pas entrer en compensation
par la maxime vulgaire, qui a terme
ne doit rien.

21 Pourvû donc que celuy à qui la
Lettre de change est adressée soit
creancier d'une somme certaine, ou
qui puisse promptement être renduë
certaine, & qu'elle soit échuë ; la
preuve présupposée, l'on ne peut pas
l'empêcher d'accepter la Lettre de
change pour payer à soy-même par
compensation, & le Porteur ne peut
avoir son recours contre celuy qui en
a donné la valeur.

22 Le second cas auquel en cas que
la Lettre de change soit acceptée,

---

p Jusjurandum speciem transactionis continet, majo-
remque autoritatem habet quam res judicata. L. 2. ff. de
jur. jur. Confessus pro judicato est, qui quodam modo
sua sententia damnatur. L. 1. ff. de confess.

q Quod in diem debetur non compensabitur antequam
dies venit, quanquam dari oporteat, L. 7. ff. de compens.

neanmoins le Porteur n'en reçoit pas
le payement : Et lorfque quelque
creancier de celuy qui en a donné la
valeur a fait faifir & arrêter par autorité de Juftice ce qui luy eft dû, &
pourra être dû entre les mains de celuy fur qui la Lettre de change eft
tirée avant qu'il l'ait acceptée ; car
alors il ne peut accepter la Lettre de
change que pour payer, ainfi qu'il
fera ordonné par Juftice avec le fai-
fiffant.

Et fi la caufe de la faifie eft legitime ; le Porteur n'en peut empêcher
l'effet, par les mêmes raifons qui ont
été dites cy-deffus à l'égard de la
compenfation : car il eft certain que
celuy qui a donné la valeur de la
Lettre de change en eft le veritable
proprietaire jufqu'à l'acceptation,
qu'il ne peut y donner plus de droit
qu'il y en avoit r ; & que comme il
ne pourroit empêcher l'effet de la
faifie, celuy qui en eft le Porteur ne
peut pas l'empêcher.

23 Hors des deux cas cy-deffus,

r Nemo plus juris transferre ad alium poteft, quam
ipfe haberet. L. 54: ff. de reg. Iurif.

G iiij

l'acceptation eft toûjours pour payer
au Porteur, ou purement & fimplement au defir de la Lettre de change, ou fous diverfes conditions, tant
du temps que de la fomme ; car celuy qui accepte a la liberté de mettre
telle condition que bon luy femble,
foit pour la prolongation du terme
pour la diminution de la fomme, &
pour la forme du payement purement
& fimplement, & fous proteft, pour
honneur du Tireur de celuy qui a
donné la valeur, ou de quelqu'un
qui aura mis fon ordre, comme il fera dit cy-aprés. Mais dans tous les
cas où les acceptations ne font pas
pures & fimples, au defir de la Lettre, fans aucune condition pour le
terme, pour la fomme, & pour la forme du payement, le Porteur eft obligé de protefter, moyennant quoy le
Tireur, ou celuy pour compte de qui
la Lettre eft faite, doit reparer tous
les dommages de ces conditions, fauf
à recourir contre l'Acceptant, au cas
qu'il n'ait eu aucune raifon de les
mettre dans fon acceptation.

L'on recueille trois Maximes de ce
Chapitre.

MAXIMES.

1 Lorſque celuy à qui la Lettre de change eſt adreſſée eſt creancier de celuy qui en a donné la valeur, il peut l'accepter pour payer à ſoy-même, pourvû que ſa creance ſoit liquide, écheuë ou écheante, auſſi-tôt que la Lettre de change ; c'eſt-à-dire, en état de compenſation.

2 Une creance eſt liquide lorſque la quantité eſt certaine.

3 Lorſque la Lettre de change eſt proteſtée par le fait de celuy qui en a donné la valeur, celuy qui la tire n'en eſt pas tenu.

CHAPITRE IX.

Des acceptations ſous proteſt, & ſous proteſt pour mettre à compte vulgairement, dites S. P. & S. P. C.

1 IL arrive ſouvent que celuy ſur qui la Lettre de change eſt tirée ne la veut point accepter & payer,

ou ne veut pas l'accepter pour la payer, fuivant l'ordre qui luy eſt donné : Il ne la veut point accepter du tout, lorſqu'il n'a point des effets de celuy pour compte de qui elle eſt tirée, qu'il ne veut point luy faire credit, ou que s'il a de ſes effets, ou qu'il veuille bien luy faire credit, il n'aura pas reçu ſes ordres, & il ne veut pas ſuivre la foy du Tireur.

2 Il ne veut pas l'accepter pour la payer, fuivant l'ordre contenu dans la Lettre d'avis du Tireur, lorſqu'il n'en a point de celuy pour compte de qui elle eſt tirée, ou qu'il n'a point de ſes effets, ou qu'il ne veut pas luy fier ; mais il fieroit bien au Tireur.

3 Pour donner plus de jour à ces propoſitions, il eſt à propos d'en fai-re un exemple. Un particulier de Lyon a tiré une Lettre de change à un autre de Paris de l'ordre, & pour le compte d'un Marchand de Bordeaux; celuy de Paris n'a point d'ordre de celuy de Bordeaux, ou s'il a ordre, il n'a pas de ſes effets, & il ne veut point luy fier ſon bien ; ce qui donne lieu à un proteſt de la Lettre de chan-

ge, qui produiroit des préjudices
confiderables au Tireur, à celuy qui
en a donné la valeur, & à ceux qui
ont mis des ordres, foit pour leur reputation, foit pour les dommages &
interêts.

4 Pour empêcher ces préjudices,
l'on a introduit les acceptations fous
proteft, qui peuvent être faites par
toutes perfonnes, foit celuy fur qui
elle eft tirée, foit le Porteur, foit
tierces perfonnes qui n'ont aucun interêt dans la chofe.

5 La maniere de le faire eft : *Primò*,
Que dans le proteft il foit mis à peu
près ce qui s'enfuit ; fi c'eft celuy fur
qui la Lettre de change eft tirée qui
l'accepte, lequel a fait réponfe que
faute de provifion, ou d'ordre de celuy pour compte de qui ladite Lettre
de change eft tirée, il ne peut l'accepter purement & fimplement ; mais
il l'accepte fous proteft pour honneur
du Tireur, ou de celuy qui en a donné la valeur, ou de celuy qui a mis
l'ordre. *Secundò*, Il écrit fur la Lettre
de change acceptée S. P. à Paris ce
de . . . 1679.

6 Que fi c'eft le Porteur qui l'accepte fous proteft, il faut que dans le
proteft aprês la forme ordinaire l'on
mette. Et ledit tel a accepté ladite
Lettre fous proteft, pour fe la payer
pour honneur du Tireur, ou de celuy qui en a donné la valeur, ou de
celuy qui a mis des ordres.

7 Que fi c'eft un tiers, aprês toutes
les claufes du proteft, l'on met ; &
eft comparu un tel, lequel a déclaré
que pour faire honneur à
Tireur, ou bien qui a donné la valeur, ou qui a mis fon ordre fur ladite
Lettre de change, il l'accepte fous
proteft.

8 Tel eft l'ufage univerfellement
pratiqué par tout, & il ne faut pas
croire que l'article 5. du titre 5. de
l'Edit du commerce du mois de Mars
1673. y ait apporté aucun changement, & qu'il ait privé celuy fur qui
la Lettre de change eft tirée de la faculté de l'accepter fous proteft, en
difant, en cas de proteft de la Lettre
de change, elle pourra être acquitée
par tout autre, que celuy fur qui elle
aura été tirée; car cela doit être en-

rendu, s'il ne l'accepte pas luy-même
ſous proteſt, puiſque c'eſt une maxime dans le commerce, que celuy ſur
qui une Lettre de change eſt tirée,
peut ſans s'arréter à l'ordre porté par
la Lettre d'avis, la payer ſous proteſt, & retenir le Tireur obligé ſ.

9 Et parce que les negocians ai-
ment la briéveté, ils ont accoûtumé
d'écrire, accepté S. P. ſignifiant par
les lettres initiales S. ſous P. proteſt.

10 Celuy qui a payé une Lettre de
change ſous proteſt fait utilement les
affaires de ceux qui y ſont obligez;
il a non ſeulement une action contre celuy pour l'honneur de qui il l'a
payée ᵗ: mais contre tous ceux qui
ſe trouvent obligez à celuy pour

ſ Recipiens Litteras cambii, & mandatum de ſolvendo
poteſt non obſervato ordine, ſolvere ſummam honore litterarum ſuper proteſtu, & retinere obligatum ſcribentem
à quo exigere poteſt, nulla facta notitia de ordine non ac-
ceptato. *Rota Genuenſ, deciſ. 23. Scaccia §. 2. Gloſſa. 5.
num. 338.*

ᵗ Concluſio in jure eſt vera quod quis poteſt ſolvere pro
aliquo obligato, & ſolvendo, & per ſolutionem liberan-
do eum, acquirit contra eum actionem negociorum geſto-
rum. *L. ſolvendo ff. de negot. geſtis.* Et in terminis eſt ſti-
lus & conſuetudo, quod unuſquiſque poteſt Litteras cambii ſolvere, etiam ei non directas, &c. *Rota Genuenſ. de-
ſiſ. 6. num. 7.*

l'honneur. de qui il paye, soit pour
avoir donné la valeur, ou mis des ordres, s'il paye pour honneur de celuy qui a mis le dernier ordre ; ce qui
se doit entendre pour la garantie,
mais non pas pour tirer sur quelle
place il luy plaira, ainsi que peut faire le Porteur, quand la Lettre est purement protestée : car celuy qui a
payée sous protest est obligé de le
faire sçavoir au plûtôt à celuy pour
l'honneur de qui il paye, & il ne peut
tirer ᵘ, que à luy, ou faute d'occa-

ᵘ Declara secundo ut solvens supra protestum, ideo
volens retinere obligatum eum, qui scripsit litteras, debeat ultra prædicta, in præcedenti prima declaratione,
mittere debitum ; id est facere solito tempore tractam ejus-
dem summæ, quam ipse solvit ad eumdem locum in eumdem qui sibi traxit, &c. Salvo impedimento, & salvo casu,
quo ordo esset aliter datus, & salvo etiam casu, quo in eo loco unde tracta processit non esset solitum Cambiri, vel tunc
non reperiretur, qui vellet Cambio dare, &c. Quod fundatur
in dispositione Juris communis : nam solvens Litteras
supra protestum, supponit se gerere utile negotium illius,
qui scripsit Litteras, *ut dixi suprà num.* 364. & 365. Sed
hoc suppositum est falsum, quando ex ista solutione in
tempore non notificata saltem per viam reflexæ tractæ potest ei imminere periculum, ut interim ejus debitor, quem
voluit delegare, & ignorat non esse acceptatum, decoquat
ut in casu, de quo. *Rota Genuens. dec.* 6. & *decis.* 23. Vel
quando facit tractam in alium locum, in quo debitori gra-
vior est solutio, qui à his casibus non gerit utiliter negotium. *Scaccia* §. 2. *Glossa* 5. *num.* 388.

fion pour ce lieu-là , au plus prochain, pour où il trouve occafion;
& la raifon eft que celuy qui fait les
affaires d'autruy doit les faire le plus
utilement qu'il fe peut. Or ce ne feroit pas les faire utilement , que de
differer à l'avertir de ce qui fe paffe,
parce que dans le delay celuy contre
qui il pourroit exercer fa garantie
venant à faillir; on le priveroit de
la faculté de l'exercer; & fi l'on faifoit rouler le rembourfement fur les
places éloignées, l'on le furcharge-
roit de frais; & l'on rendroit l'aquit
plus difficile, ce qui feroit contre toute forte de juftice.

XII. Il n'eft pas toûjours vray que
celuy qui paye une Lettre de change fous proteft demeure fubrogé en
tous les droits du Porteur, ainfi que
porte l'article 3. du titre 5. de l'Edit
de commerce : car il eft impoffible que
celuy qui paye fous proteft pour honneur du Tireur; & qui par confequent le libere des actions; que ceux
qui ont mis des ordres & celuy qui a
donné la valeur auroient contre luy,
pour la garantie de la Lettre de change, euft

ge, acquiere des droits & des actions
contre ces gens-là, & la disposition
de cet article ne peut avoir lieu que
lorsque l'on paye pour honneur de
celuy qui a mis le dernier ordre contre lequel l'on a action pour avoir
payé pour luy, & contre tous les autres qui luy font obligez, soit pour
avoir mis des ordres precedens, soit
pour avoir payé la valeur, ou pour
avoir tiré la Lettre de change.

12 Lorsque celuy sur qui la Lettre
de change est tirée, pour compte de
quelque particulier pour lequel il ne
veut pas la payer, à des effets du Tireur à qui il veut faire honneur; il
l'accepte sous protest pour mettre à
compte, que l'on écrit par la briéveté ordinaire contre les negocians S:
P. C. c'est-à-dire qu'il ne tirera pas
pour remboursement; mais qu'il se
contente de mettre le payement à
compte du Tireur.

13 L'on voit quelquefois que celuy sur qui une Lettre de change est
tirée met son acceptation en ces termes: Acceptée libre ou sous protest;
ce qui arrive en deux cas. Le premier,

mier, lorfque la Lettre de change
luy eft tirée pour le compte d'un particulier, qui luy fait efperer de luy
remettre le fonds, pour la payer a-
vant l'écheance ; & par cette acceptation il déclare que s'il reçoit ce
fonds promis il payera la Lettre de
change librement, & s'il ne la reçoit
pas, il veut avoir le Tireur pour obligé. Le fecond cas eft lorfqu'il a du
fonds de celuy pour compte de qui la
Lettre de change eft tirée ; mais qu'il
n'a pas reçu fon ordre, & dans l'incertitude s'il le recevra, il accepte
en cette forme pour marque que s'il
le reçoit il accepte la Lettre librement, & s'il ne le reçoit pas, il l'accepté fous proteft pour honneur du
Tireur.

14 Comme la faculté d'accepter
fous proteft, une Lettre de change
appartient à toutes fortes de perfonnes ; ainfi qu'il a été expliqué cy-deffus, que l'on peut reduire à trois ;
celuy fur qui elle eft tirée, le Porteur, & toute autre tierce perfonne.
Il faut fçavoir fi concourans tous à
vouloir accepter & payer fous proteft

H

une Lettre de change, qui doit être preferé.

15 Premierement, si quelqu'un a ordre de celuy pour compte de qui elle est tirée, ou du Tireur de le faire, il doit être preferé, parce que celuy pour compte de qui elle est tirée, est le maître de se faire liberer par qui il luy plaît.

16 Secondement, si quelqu'un a ordre du Tireur, il doit être preferé aux autres.

17 Troisiémement, si celuy sur qui la Lettre de change est tirée l'accepte libre ou sous protest, il doit être preferé par l'esperance de la payer librement, & même s'il l'accepte pour mettre à compte; parce qu'en épargnant au Tireur les frais du retour, il fait ses affaires plus utilement.

18 Quatriémement, s'il ne veut accepter que sous protest pour honneur du Tireur, & que celuy qui en est Porteur veuïlle pareillement l'accepter sous protest pour l'honneur du Tireur, le Porteur est preferé, & après luy celuy sur qui elle est tirée,

& enfuite toute tierce perfonne [x].

19 Cinquiémement, celuy qui veut:
accepter fous proteft pour honneur
du Tireur, doit être preferé à ceux
qui veulent accepter pour honneur
de ceux qui ont mis des ordres.

20 Enfin celuy qui veut accepter
fous proteft pour honneur de celuy
qui a mis un premier ordre, doit être
preferé à celuy qui veut accepter
fous proteft pour honneur de ceux
qui ont mis des ordres pofterieurs; &
la raifon de cela eft, qu'il faut preferer ceux qui éteignent le plus d'obligations.

21 Quoi-qu'en payant fous-proteft
une Lettre de change l'on libere celuy pour l'honneur de qui l'on l'a
payée, & qu'en droit en payant l'on
libere un debiteur malgré luy; neanmoins l'on ne peut pas payer une
Lettre de change fous proteft, quand

[x] Declara tertio ut facultas folvendi fupra proteftum
competat gradatim, hoc ordine. Primo competit illi, qui
vult folvere libere, quifque ille fit, hic enim præfertur
omnibus volentibus folvere fupra proteftum Secundò competit illi, qui debet Cambium recipere. Tertiò vero loco
competit illi cui facta eft tracta. *Scaccia* §. 2. *Gloffa* 5.
num. 389.

celuy pour l'honneur de qui l'on veut la payer en a fait signifier des défenses, que si l'on le faisoit l'on n'aquereroit aucune action contre luy y.

22 Lorsque la banqueroute du Tireur est publiquement connuë, il n'est plus permis d'accepter z, ni librement, ni sous protest aucune de ses Lettres; & il en est de même d'accepter sous protest, pour honneur de celuy qui a donné la valeur, ou mis des ordres après la faillite publiquement connuë, parce que ce seroit donner lieu à favoriser le Porteur &

---

y Secundò quisque pro alio licet invito & ignorante liberat cum. *L. 39. ff. de neg. gest.* Declara quartò ut nemo possit facere solutionem super protestu honore Litterarum, quando aliquis mercator habens ad hoc speciale mandatem intimasset, & protestatus esset, ne quis Litteras talis tractæ solveret super protestu; nam tertius potest solvere, ignorante & invito debitore, quando debitor non est præsens, & non prohibet; sed si adsit, & prohibeat male iste tertius solvit, & ob id nulla ei acquiritur actio contra ipsum debitorem. *Scaccia num. 390.*

z Declara quintò ut post habitam notitiam, seu publicam vocem, & famam de decoctione trahentis debitum, nemo possit illam, tractam acceptare nec libere, nec super protestu. *Scaccia num. 391.*

Qui verò post bona possessa debitum suum recipit hunc in portionem vocandum, exæquandumque cæteris creditoribus: neque enim debuit præripere cæteris post bona possessa, cum jam par conditio omnium creditorum facta esset. *L. 6. §. 7. ff. quæ in fraudem credit.*

ceux qui luy feroient obligez en fraude des creanciers ; ce qu'étant ils
pourroient faire revoquer tout ce
qui auroit été fait à leur préjudice.

Ce Chapitre fournit fix Maximes.

MAXIMES.

1. Comme c'eft faire utilement les
affaires de tous les obligez à la Lettre de change, que de l'accepter fous
proteft, toutes les perfonnes ; fçavoir,
le Porteur ; celuy fur qui elle eft tirée ; & toute tierce perfonne le peuvent faire.

2. Celuy qui paye une Lettre de
change fous proteft a une action contre celuy pour l'honneur de qui il
paye ; & contre tous fes auteurs.

3. Celuy qui paye une Lettre de
change fous proteft eft obligé d'en
avertir au plûtôt celuy pour l'honneur de qui il paye ; & ne peut tirer
fur d'autres places qu'à défaut d'occafions ; & en ce cas il doit tirer fur
la plus prochaine.

4. En concurrence de perfonnes
qui veulent accepter une Lettre de

change fous proteft, l'on prefere :
Primò, Celuy qui a ordre de la perfonne pour compte de qui la Lettre de
change eft tirée. 2°, Celuy qui a ordre
du Tireur. *Tertiò*, Celuy fur qui la
Lettre de change eft tirée, s'il l'accepte libre ou fous proteft, ou pour
mettre à compte. *Quartò*, Celuy qui
veut l'accepter pour honneur du Tireur eft preferé à ceux qui ne veulent accepter que pour honneur des
ordres. *Quintò*, En concurrence de
plufieurs qui veulent accepter d'une
même maniere, le Porteur eft preferé, & après celuy fur qui elle eft tirée. *Sextò*, Celuy qui accepte fous
proteft pour honneur d'un premier
ordre, eft preferé à celuy qui n'accepte fous proteft que pour honneur
d'un ordre pofterieur.

5. L'on ne peut accepter une Lettre
de change fous proteft pour honneur
de quelqu'un, s'il y a défenfes de le
faire.

6. L'on ne peut accepter, ni fous
proteft, ni librement pour compte de
quelqu'un, lorfque la faillite eft publique.

CHAPITRE X.

Si celuy qui accepte une Lettre de change peut se retracter.

1 COMME l'acceptation est un engagement de payer la Lettre de change, il s'agit de sçavoir si celuy qui l'a acceptée peut se retracter, soit pour n'avoir pas reçu le fonds que l'on luy avoit fait esperer, soit parce que le Tireur sera failly, soit parce que le Tireur posterieurement à donné ordre de ne pas payer.

2 La regle générale est que celuy qui a accepté ne peut pas se retracter [a], ni dispenser de payer; il a pû

a Quæro XI. an is, qui acceptavit solvere Litteras cambii possit pœnitere, & recusare earum solutionem, præsertim si post transmissas ad se Litteras, is, qui Litteras facit decoxerit. Respondeo quod acceptatis Litteris, non potest illarum solutionem recusare, quamvis debitor decoxerit. *Scaccia* §. 2. *Glossa* 5. num. 327.

Qui cum alio contrahit, vel est, vel debet esse non ignarus conditionis ejus. *L. 19. ff. de reg. jur.*

Amplia secundo, ut multo magis procedat quando Litteræ cambii essent jam acceptatæ, quia tunc non posset revocari. *Scaccia num. 449.*

H iiij

ne pas s'engager s'il n'avoit pas la
provision : mais s'étant engagé par
son acceptation, il a suivy la foy du
Tireur qu'il devoit connoître.

3. Pour ce qui est du Tireur, il
ne peut pas revoquer son ordre de
payer les choses n'étant plus en état,
comme elles ne le sont plus dês lors
que la Lettre de change est acceptée.

4. Cette regle reçoit pourtant une
exception, qui est, si une Lettre de
change est tirée lors de la faillite
prochaine, & envoyée par une
voye extraordinaire pour la faire
accepter ; ensorte que si elle n'a-
voit été envoyée que par la voye ordinaire, la faillite du Tireur auroit
pû être connuë avant l'acceptation ;
en ce cas celuy qui a accepté peut
être restitué [b] & déchargé de son acceptation, parce qu'elle a été surprise par une espece de dol & de trom-
perie, blâmable par les Loix.

5. Il est arrivé deux cas pour retracter l'acceptation, qui sont assez con-

_____

[b] Quæ dolo malo facta esse dicentur, si de his rebus,
alia actio non erit, & justa causa esse videbitur judicium,
dabo. *L. 1. §. 1. ff. de dolo malo.*

fiderables pour avoir place dans ce
Chapitre.

6| Par un abus paſſé en coûtume à
Paris, les Porteurs de Lettre de change, lorſqu'ils les preſentent pour les
faire accepter, ſi ceux ſur qui elles
ſont tirées ne ſe trouvent pas au lo-
gis, ou ne ſont pas de commodité de
les accepter ſur le champ, ils les laiſſent entre les mains des domeſtiques
de ceux ſur qui elles ſont tirées juſques au lendemain, & quelquefois
deux ou trois jours; c'eſt ce qui a
donné lieu aux deux cas ſuivans;
parce que dans l'intervalle de temps
que les Lettres ſont demeurées chez
ceux à qui elles étoient adreſſées, ils
ont eu avis de la faillite des Tireurs;
& comme ils avoient écrit ſur les
Lettres de change, (accepté un tel
jour, &c.) & qu'ils avoient entre
leurs mains les Lettres de change,
ils ont pretendu ſe dégager de leur
acceptation; mais par differens
moyens.

7 Le premier a rayé l'acceptation
qu'il avoit écrite, ce qui a donné lieu
à une conteſtation ; Le porteur ſoû-

tenoit que celuy à qui la Lettre de
change avoit été adreſſée ayant écrit
ſur la Lettre de change accepté, il n'a-
voit pas pû rayer cette acceptation c, &
qu'elle devoit l'obliger au payement,
comme ſi elle n'étoit pas rayée.

Celuy ſur qui la Lettre de change
étoit tirée diſoit que l'engagement
de l'acceptation n'étoit que par la délivrance au Porteur d que juſques
alors les choſes étoient entieres, qu'il
étoit le maître de ſa ſignature, qu'il
avoit pû rayer & retracter ſon accep-
ptation, & de fait il en fut déchargé
avec raiſon, parce que ſi la partie
qui a ſigné un contract chez un Notaire peut rayer ſa ſignature, tant
que l'autre partie au même contract
ne l'a pas ſigné ; comme il eſt certain,
à plus forte raiſon, celuy qui ne s'eſt
point deſſaiſi de ſa ſignature peut la
canceller tant qu'elle eſt en ſon pouvoir.

8. Le ſecond qui a donné lieu à

---

c Quod ſemel placuit amplius diſplicere non poteſt. De
Reg. jur. in ſexto.

d Fallit hæc regula ex cauſa ſupervenienti, vel de novo
ad notitiam pervenicute. Gloſſa in dicta Reg.

l'autre cas, ou ne s'avisa pas de rayer
son acceptation, ou ne crût pas être
suffisamment en seureté: mais lorsque
le Porteur vint demander la Lettre,
il dit qu'il l'avoit égarée, & que le
Porteur fit venir la seconde. Il peut

9 Le Porteur ne se trouva pas sa-
tisfait de cette conduite; c'est pourquoy s'étant pourvû par Sentence
confirmée par Arrest, l'on jugea que
la retention de la Lettre de change
produisoit tacitement, & équipoloit
une acceptation ᵉ, en conséquence
dequoy celuy sur qui elle étoit tirée
fut condamné à payer.

L'on peut tirer quatre Maximes de
ce Chapitre.

MAXIME.

1 L'Acceptant ne peut pas se retracter, & doit payer, quoi-qu'il arrive, lorsqu'il a délivré son acceptation au Porteur, qui est dans la bonne foy, & les Auteurs

2 Lorsque l'acceptation d'une Let-

ᵉ Acceptatio fit tacitè per receptionem & retentionem
Litterarum. Scaccia §. 2. Glossa 5. num. 335.

tre de change a été surprise, l'Acceptant peut s'en faire décharger.

3) Tant que l'Acceptant est maître de sa signature, c'est-à-dire, qu'il n'a pas délivré la Lettre de change, il peut rayer son acceptation : mais après la délivrance, quand même elle reviendroit entre ses mains, il ne peut rayer son acceptation.

4. Lorsque celuy sur qui la Lettre de change est tirée la retient, sous pretexte de l'avoir égarée ou autrement, Cette retention vaut acceptation.

CHAPITRE XI.

Si le Tireur est liberé lorsque la Lettre de change est acceptée.

LA faillite de l'Acceptant a donné lieu à cette question, parce que si le Tireur est liberé par l'acceptation, cette faillite est au peril & risque du Porteur : que si le Tireur n'est pas liberé par l'acceptation, elle est à ses perils, risques & fortunes.

2 Ceux qui ont été de fentiment
que le Tireur étoit liberé par l'acceptation, foûtenoient que le Porteur tirant promeffe du payement de
celuy à qui elle étoit adreffée, par
fon acceptation ; faifoit une novation qui [f] refolvoit la premiere obligation du Tireur.

3 Mais l'opinion contraire que le
Tireur n'eft pas liberé par l'acceptation [g] de celuy fur qui la Lettre de
change eft tirée, & qu'il eft obligé
jufques au payement actuel a préva-
lu ; car il a été jugé ainfi dans les
plus celebres Tribunaux.

4 Et la raifon [h] de cette jurifpru-

[f] Si campfor abfque delegatione promittat per hæc ver-
ba, promitto tibi loco Titii; Titius erit liberatus, quia qui
eligit unum debitorem pro alio novare videtur. *Scaccia*
§. 2. *Gloffa* 6. *num.* 245.

[g] Quæro. X. Numquid debitor Cambii fit liberatus eo
ipfo quod ille, cui mittuntur Litteræ folvendæ, acceptet
illas Litteras. Refpondeo debitorem qui Litteras fecit
non effe liberatum, &c. Nifi ipfæ Litteræ fint realiter
folutæ, &c. *Scaccia num.* 322. *Rota Genuenf. decif.* 1.
num. 6. 21. 38. *decif.* 2. *decif.* 4. *num.* 7. *decif.* 8. *num.*
17. 18. 19.

[h] Ratio meo judicio quare debitor Cambii qui fcripfit
Litteras, remaneat adhuc obligatus eft, quia illa acceptatio non eft novus contractus inter ipfum acceptantem &
creditorem, cui facienda eft folutio ; fed eft pars contractus Litterarum cambii : neque creditor acquiefcit acce-

dence est, que cette acceptation n'est
pas un nouveau contract entre l'Acceptant & le Porteur à qui le payement en doit être fait; mais que c'est
une partie du premier contract de la
Lettre de change : car le Porteur ne
reçoit cette acceptation qu'avec cette
condition, que le payement s'en ensui-
vra; d'où il s'ensuit que le Porteur
ne suivant pas absolument la foy de
l'acceptation de la Lettre, le Tireur
premier debiteur n'est point liberé.

5. Ce n'est pas que si le Porteur
étoit negligent i à faire son devoir à
l'écheance, ou qu'il eut accordé quelque delay à l'Acceptant, pour lors,
en cas de faillite de l'Acceptant le
Tireur pourroit être liberé, comme
il sera expliqué cy-après dans le
Chapitre des diligences que le Por-

---

ptationi, nisi quatenus sequatur solutio de contanti, unde
cum creditor non habeat fidem de pretio Litterarum acce-
ptatarum non liberat suum debitorem. *Scaccia num.* 323.

i Restringe eamdem responsionem, & ejus extensionem,
ut non procedant si creditor Cambii acceptatis Litteris ab
illo, cui directæ sunt, fecerit illi aliquam dilationem,
seu negligens fuerit in illis exigendis, quia in isto casu, si
durante illa dilatione, seu negligentia ille mandatarius decoxerit, damnum erit ipsius, qui dilationem fecit ; & is
qui Litteras scripsit erit liberatus. *Scaccia num.* 325.

teur eſt obligé de faire.

Il faut tirer deux Maximes de ce Chapitre.

MAXIMES.

1 Le Tireur n'eſt pas liberé par l'acceptation de la Lettre de change ; car il demeure obligé juſques à ce qu'elle ſoit réellement & effectivement payée.

2 Si le Porteur neglige à l'echeance de faire ſes diligences, ou s'il accorde quelque delay à l'Acceptant, le Tireur n'en doit pas ſouffrir.

CHAPITRE XII.

Si celuy qui a accepté une Lettre de change peut la payer avant l'écheance malgré le Porteur.

1 CETTE queſtion ne ſe trouve pas traittée par aucun de ceux qui ont écrit des Changes, quoi-que les differens rabais des monnoyes ayent ſouvent donné lieu de l'agiter, ſi-bien qu'il eſt neceſſai-

re de la traiter par les principes.

2. Avant qu'entrer en la question, il faut observer que les Lettres de change qui sont faites en païs étrangers pour être payées en France, & qui sont conçuës en écus, ou dont le prix est en écus, ces écus par un usage ordinaire sont toûjours de trois livres ; soit que l'écu ou Loüis d'argent augmente, comme lorsqu'il a été à 3. liv. 4. sols, ou diminuë, comme lorsqu'il a été à 58. sols, d'où il s'ensuit que celuy qui seroit Porteur d'une Lettre de change faite en écus, ne pourroit pretendre être payé en Loüis d'argent, lorsqu'ils valent trois livres quatre sols, & celuy qui l'a acceptée ne seroit pas bien fondé à pretendre ne donner qu'autant de Loüis d'argent, lorsqu'ils sont à cinquante-huit sols. Mais il faut évaluer les écus à trois livres, à moins que la Lettre de change ne porte autrement.

3 Venant maintenant à la question, ceux qui sont d'opinion que l'Acceptant peut payer la Lettre de change avant l'écheance se fondent sur le §. 16. de la Loy 38. au digeste

de

de verborum obligationibus [1], où Ulpien dit, qu'il y a de la difference entre un jour incertain ou certain, & que cela paroît en ce que ce qui eſt promis à un certain jour peut être donné d'abord, parce que tout le temps intermediaire pour payer eſt en la liberté du Debiteur : mais celuy qui a promis ſi quelque choſe ſe fera, ou lorſque quelque choſe ſera faite, s'il donne avant que la choſe ſoit faite, il ne fait pas veritablement ce qu'il a promis.

4 Ils ſe fondent encore ſur la Loy 70. au digeſte *de ſolutionibus* [m], dans laquelle le Juriſconſulte Celſus dit, que ce qui eſt promis à un jour certain peut être donné d'abord, parce que tout le temps pour payer eſt libre au Debiteur.

---

l Inter incertam , certamque diem diſcrimen eſſe , ex eo quoque apparet , quod certa die promiſſum vel ſtatim dari poteſt : totum enim medium tempus ad ſolvendum liberum promiſſori relinquitur. Et qui promiſit, ſi aliquid factum ſit, vel cum aliquid factum ſit, niſi cum id factum fuerit, dederit : non videbitur feciſſe quod promiſit. *L. 38. §. 16. ff. de verb. oblig.*

m Quod certa die promiſſum eſt , vel ſtatim dari poteſt , totum enim medium tempus, ad ſolvendum promiſſori liberum relinqui intelligitur. *L. 70. ff. de ſolut.*

I

5 Ceux qui font d'opinion que l'on ne peut pas contraindre le Porteur de la Lettre de change avant le temps, fe fondent fur la Loy 122. ᵐ au digefte *de verborum obligationibus*, de laquelle les Docteurs tirent cette maxime, que le Debiteur ne peut pas fe liberer par des offres qu'il fait en un lieu ou en un temps qui n'eft pas propre au creancier.

6 Pour fe refoudre fur ces differentes opinions, & concilier ces Loix qui paroiffent contraires, il faut fuivre le fentiment de Barthole fur cette Loy 122. ° & de Monfieur le Prefident Faber dans fon Code, *Lib. 8. tit. 3. defin. 14.* qui difent que fi le temps

---

n Hujufmodi oblatio debitori non prodeft, offert enim in congruo loco & tempore. *Gottofred. in L. 122. ff. de verb. oblig.*

o Si tempus adjicitur gratia creditoris, vel utriufque non poteft folvi ante tempus. *Bart. in L. 122. ff. de verb. oblig.*

Quod in diem debetur, non femper ante diem folvi poteft, licet dici foleat plus præftare debitorem, quam debeat, cum folutu n repræfentat: quid enim fi dies adjecta fit in favorem creditoris, non debitoris, five ex teftamento, five ex contractu, aut qua alia jufta caufa debeatur, utique dies expectanda eft, ne quicquam de creditoris jure minuatur; ita Senatus in ea caufa, &c. *Faber Cod. lib. 8. tit. 30. defin. 14.*

a été mis en faveur du Creancier, ou de tous les deux, le Debiteur ne peut pas payer avant le temps, qu'il faut attendre l'écheance pour ne diminuer en rien du droit du creancier.

7 Appliquant cette maxime au cas des Lettres de change, dont le contract étant pour l'utilité reciproque des deux Contractans, ainsi que nous avons montré au Chapitre cinquiéme : Toutes les conditions du temps & du lieu sont en faveur des deux, ainsi le Porteur, qui est aux droits de celuy qui en a donné la valeur, comme nous avons étably au Chapitre huitiéme, ne peut pas être contraint de recevoir avant le temps porté par la Lettre.

8 Aussi Monsieur Cujas expliquant le §. 16. de la Loy 38. au digeste *de verborum obligationibus* P , après avoir

p Totumque desumptum est excelf, lib 26. digestorum. Prima pars ex L. quod certa infr. de solut. Secunda ex L. qui promisit sup. de condit. ind ex prima parte notandum id quod certa die promissum est ante diem dari, & repræsentari. L. continuus §. cum ista infra hoc titul. Atque ideo solutum non repetitur, quia certum est deberi. L. in diem sup. de cond. ind. ex secunda notandum id ,

montré qu'il eſt compoſé des Loix
70. au digeſte *de ſolutionibus*, & 48.
au digeſte *de conditione indebit.* dit que
cette difference de jour certain ou
incertain, n'eſt que pour la repeti-
tion de la ſomme payée, comme non
deuë, que l'on appelle *condictio indebiti ;* mais nullement pour pouvoir contraindre le creancier à recevoir avant
le temps, quoi-qu'il n'approuve pas
l'exception, ſi le jour eſt appoſé en
faveur du creancier.

9 Mais auſſi d'abord que la Lettre
eſt écheuë, quoi-que le Porteur ne
ſoit obligé d'en exiger le payement,
ou faire faire le proteſt que dans les
dix jours, neanmoins il peut être

quod die incerta promiſſum eſt : veluti ſi navis ex Aſia
venerit, ante diem non ſolvi recte, & ideo condicitur,
quia debitum iri non eſt certum, *L. qui promiſſit, L. ſuf-
ficit ſup. de cond. ind.*
· Pertinet igitur hæc differentia inter diem certam & incertam ad conditionem indebiti, quod ſi quæratur an invito creditori ante diem ſolvi poſſit, non diſtinguam inter
diem certam & incertam ; ſed dicam generaliter invito
ante diem non ſolvi, nec moram facere debitorem, qui
ante diem oblato debito id recuſat accipere, &c. Ante diem
igitur certam vel incertam non ſolvitur niſi volenti. Male
Accurſius utitur hac exceptione, niſi dies adjectus ſit ſti-
pulatoris gratia, &c. *Cujac. in L. 38. §. inter incertam
ff. de verb. oblig.*

contraint à le recevoir, parce que s'il a la liberté de faire ou ne pas faire ſes diligences, l'Acceptant a celle de ſe liberer dês lors qu'il peut être contraint.

10 Si le Porteur de la Lettre de change ne paroît pas à l'écheance, comme il arrive quelquefois lorſque la Lettre de change eſt payable à l'ordre de celuy qui en a donné la valeur, lequel a envoyé la premiere pour faire accepter, & que la ſeconde a été négociée avec pluſieurs; comme il a été expliqué au Chapitre ſixiéme ; où ſi le Porteur refuſoit de recevoir, pour lors l'Acceptant pourroit par la permiſſion du Juge. conſigner q la ſomme contenuë dans la Lettre de change, & le dommage de la diminution des monnoyes ſeroit aux perils & riſques du Porteur, ainſi qu'il s'eſt toûjours pratiqué.

11 Cette conſignation ſe fait ordinairement par la répreſentation de la ſomme en deniers pardevant le Juge, qui en fait cacheter les ſacs

q Obſignatione totius debitæ pecuniæ ſolemniter factæ liberationem contingere manifeſtum eſt. *L. 9. C. de ſolu* ɩ.

I iij

du fceau de fa Jurifdiction, & en établit le Confignant dépofitaire.

12 Mais il eft bon de faire fi-bien cacheter les facs qu'ils ne puiffent être ouverts, parce que la confignation pourroit être déclarée mal faite, & le Confignant ʳ décheu de l'effet qu'il en auroit efperé, comme il eft arrivé à quelques Negocians de la ville de Lyon, Debiteurs de feu Monfieur le Marquis d'Alegre, lefquels ayans configné les fommes par eux dûës en la maniere cy-deffus, & les facs n'ayans pas été fuffifamment cachetez fur les coûtures; quelques-uns ouvrirent les facs par ces endroits, en tirerent l'argent, dont ils fe fervirent comme bon leur femblaʒ & lorfqu'il fut queftion de rendre l'argent, ils le remirent comme fi de rien n'étoit : mais cela fut reconnu, parce qu'il fe trouva dans ces facs des Loüis d'argent d'un millefime pof-

---

ʳ Si facculum, vel argentum fignatum depofuero, & is penes quem depofitum fuit me invito contrectaverit, & depofiti & furti actio mihi competit.. §. 1. Si ex permiffu meo depofitâ pecuniâ is penes, quem depofita eft utatur, ut in cæteris bonæ fidei judicis, ufuras ejus nomine præftare mihi cogitur. L. 29. ff. depofiti.

terieur à la confignation ; & par Arreft du   ils furent condamnez à payer la fomme avec les
interêts, fans avoir aucun égard à la
confignation.

Il faut recueillir deux Maximes
de ce Chapitre.

MAXIMES.

1 Celuy fur qui la Lettre de change eft tirée, ou qui l'a acceptée, ne
peut pas obliger le Porteur d'en recevoir le payement avant l'écheance.

2 Dês lors que l'Acceptant peut
être contraint, il peut obliger le
Porteur à recevoir, nonobftant le
delay que l'ufage ou les Reglemens
luy accordent pour faire fes diligences.

CHAPITRE XIII.

De la qualité pour demander le payement
d'une Lettre de change.

1 L'A qualité eft neceffaire à l'é-
gard du Porteur pour exiger

I iiij

le payement ; & à l'égard de l'Accepteur pour la validité de sa décharge.

2 À l'égard du Porteur, il ne suffit pas d'être saisi d'une Lettre de change pour en exiger le payement, il faut qu'il ait un titre valable, sans quoy il n'a aucun droit de le demander.

3 Cette qualité a plus ou moins d'étenduë, suivant les differentes places : car la regle generale est qu'il suffit pour être Porteur legitime d'une Lettre de change, qu'elle nous soit payable ou par le texte de la Lettre, ou par ordre de celuy à qui elle est payable, ou successivement de ceux au profit de qui les ordres precedens ont été mis, ou que nous ayons tranfport de celuy à qui elle est payable, soit par le texte ou par procuration : & même il n'est pas necessaire que ces ordres soient sur la même Lettre qui est acceptée ; car si c'est la premiere qui est acceptée, les ordres peuvent être sur la seconde ; ou au contraire, parce que la premiere & la seconde ne sont faites

que pour un même effet. . .

4 La raison pourquoy il faut qu'u-
ne Lettre de change soit payable à
celuy qui en est saisi, ou par le texte, ou par ordre, ou par transport,
ou qu'il ait une procuration, est fondée sur ce que celuy qui en a donné
la valeur, qui est le veritable Proprietaire, ayant mis en son lieu &
place celuy à qui elle est payable,
l'on ne peut en exiger f le payement
sans la volonté de ce dernier, ou de
celuy qui a ses droits.

5 Il est arrivé un differend assez
celebre dans cette these, qu'il est
bon de rapporter pour donner plus
de jour à ce que nous avons dit.

6 Jacob Vas, autrement appellé
Simon Martin d'Ambourg, tira une
Lettre de change de 3000 livres le
20 vieux style / 30 nouveau style. Octobre 1677. sur Philippes
Martin de Paris, payable à quatre
usances & demie, à l'ordre de Bernard Guise Marchand de la ville de
Hambourg pour la valeur reçuë de
luy; cette Lettre de change fut en-

f Quod autem alicui debetur alius, sine voluntate ejus
non potest jure exigere. L. 39. ff. de negot. gest.

voyée à Paris à Henry Barchaux par
Manuel Martin pour la faire accepter, elle fut acceptée, & ensuite
renvoyée à ce Bernard Guise, à l'ordre de qui elle étoit payable. Ce Bernard Guise, qui n'en avoit pas donné la valeur & n'en pretendoit rien
la renvoya à Barchaux, ayant reçu
une seconde fois cette Lettre de change, & pretendant être Creancier de
Manuel Martin, qui la luy avoit envoyée la premiere fois, s'avisa pour
exiger le payement d'y faire mettre
par un inconnu un ordre en sa faveur
au nom de Bernard Guise; à qui elle
paroissoit appartenir, & ensuite il fit
assigner Philippes Martin aux Consuls, pour être condamné à luy payer
cette Lettre de change, en consequence de son acceptation.

7 Philippes Martin, qui avoit été
éclairci de tout ce fait, qui ne devoit rien à Jacob Vas, autrement appellé Simon Martin, & qui voyoit
que cette Lettre de change ne luy
avoit été tirée que pour donner lieu
au Tireur d'abuser de sa facilité pour
cette somme, soûtint que l'ordre étoit

faux, que ce n'étoit point la signature de Bernard Guise, que Bernard
Guise n'avoit point donné la valeur
& ne pretendoit rien en la Lettre de
change, & qu'ainsi elle appartenoit
au Tireur & étoit caducque ; mais
nonobstant ces raisons, il fut condamné à la payer par Sentence des
Juges Consuls de Paris du 23. Mars
1678, ce qui l'obligea d'en interjet-
ter appel.

8 Barchaux en cause d'appel pro-
duisit un consentement dudit Bernard Guise & deux declarations, l'u-
ne du Tireur, que Manuel Martin
luy avoit fourny la valeur de cette
Lettre de change, & l'autre de Manuel Martin conforme à cela ; & sur
ces pieces, il ne denioit pas qu'il eût
fait mettre l'ordre par un inconnu ;
mais soûtenoit qu'il avoit pû faire
mettre l'ordre au nom de Bernard
Guise par le premier venu, & avoit
pour luy le sentiment de quelques negocians de reputation.

9 Mais la plus grande & plus saine
partie des negocians étoient d'avis
contraire, & que la proposition que

l'on peut figner le nom d'un autre
n'étoit pas recevable *t*, que ce feroit
admettre la fauſſeté dans le commerce, & en renverſer la feureté, que
l'uſage étoit qu'une Lettre de change
qui n'eſt point endoſſée par celuy au
profit de qui elle eſt tirée, ne peut
point être payée qu'à luy-même; &
s'il ne la veut pas recevoir ou donner ſon ordre, parce qu'il n'a pas
fourny la valeur au Tireur, elle devient caducque; que le conſentement
de Bernard Guiſe étoit incapable de
donner aucun droit, puiſqu'il n'en
avoit point par ſon propre aveu, ny
rendre vray un ordre qui eſt faux
dans ſon commencement *u*, en vertu
duquel Barchaux ne pouvoit acqué-
rir aucun droit; que la declaration du
Tireur étoit de mauvaiſe foy, & contraire à ce qu'il avoit déclaré dans la
Lettre, que celle de Manuel Martin
ne pouvoit être conſiderée, parce

_t_ Quid ſit falſum quæritur & videtur, id eſſe ſi quis
alienum chirographum imitetur. _L. 23. ff. ad L. Cor. de
falſ._

_u_ Ex initio falſi commiſſi juſta poſſeſſio non paratur.
L. 18. Cod. ad L. Corp. de falſis.

que ce feroit être témoin en fa propre caufe.

10 Et fur toutes ces raifons eft in-
tervenu Arreft en la premiere des
Enqueftes, au Rapport de Monfieur
Amproux le 18. Juillet 1679. au pro-
fit de Philippes Martin, par lequel la
Sentence des Confuls a été infirmée.

11 La regle generale que nous a-
vons propofée, qu'il falloit que la
Lettre de change fut payable par le
texte, par ordre, ou par tranfport,
ou avoir la procuration de celuy à
qui elle eft payable, pour en exiger
le payement a une exception, qui eft,
lorfque celuy à qui elle eft payable
eft failly à fes creanciers, les Deputez
de fes creanciers, ou celuy pour compte de qui elle a été remife, peuvent
par l'autorité du Juge obtenir le pouvoir de l'exiger.

12 Elle a une reftriction pour quelques Villes particulieres, comme Venife, Florence, Nouë, Bolfan, ou par
des Reglemens qui ont force Loix;
il eft défendu de payer les Lettres de
change en vertu des ordres : mais il
faut qu'elles foient payables à droi-

ture à ceux qui les doivent exiger,
ou bien que ceux à qui elles font
payables envoyent une procuration
conçuë en certaine forme precife,
fans quoy l'on ne fçauroit en exiger
le payement, ny en faire faire un
proteft valable, parce qu'il ne feroit
pas fait par la faute du Tireur ny de
l'Acceptant ; mais par un empêche-
ment de la Loy du païs où la Lettre
de change doit être payée, à laquelle le Porteur ne peut pas refufer de
fe foûmettre, & même les Reglemens
de ces places font défenfes aux Notaires & Miniftres de Juftice de faire
aucun proteft des Lettres, qui ne feront pas payables par le texte, ou en
vertu de procuration, fuivant la forme prefcrite ; c'eft pourquoy ceux
qui prennent des Lettres de change
doivent être informez des Loix & des
ufages des lieux, pour éviter les inconveniens.

13 Tout ce que deffus regardé le
pouvoir d'exiger ; mais il faut ajoûter encore une confideration pour la
validité de la décharge de celuy qui
paye : c'eft qu'il doit connoître celuy

à qui il paye ˣ être veritablement celuy à qui la Lettre de change eſt
payable, ſoit à droiture ou par ordre,
& que l'ordre eſt bien veritable: car
s'il payoit ſur un faux ordre, ou à
quelqu'un qui prît fauſſement le nom
de celuy qui eſt mentionné dans l'ordre, il payeroit mal, & feroit obligé
de payer une ſeconde fois au veritable Porteur de la Lettre de change, ainſi qu'il a été jugé par pluſieurs
Arreſts.

14 C'eſt pourquoy lorſque des
Lettres de change ſont preſentées
par des inconnus pour en exiger le
payement, il eſt bon de les obliger
ou à donner caution, ou du moins à
ſe faire connoître, & certifier par des
perſonnes de probité, & ſur le témoignage deſquels on puiſſe être en
ſeureté.

15 Lorſque que l'on paye à des

---

x Infero ex hac declaratione quod Bancherii, ſeu num-
mulariu debent eſſe cauti in ſcripturis, & ſubſcriptionibus
cedularum, & illatum recognitionibus, qui ſi ſolverint
pecuniam cum cedulis, ſeu apochis falſis, quæ eis præ-
ſentantur, &c. Quas ipſi veras præſupponunt, quando
ſolvunt coguntur iterum ſolvere veris dominis pecunia-
rum, quia male ſolverunt. *Sccacia* §. *2. Gloſſu 5. num.*
397.

gens folvables, l'on ne court aucun rifque, parce qu'ils font garants de la verité des ordres & des Lettres de change, en vertu defquelles ils reçoivent ; mais à l'égard des inconnus, il faut prendre les précautions neceffaires.

Ce Chapitre fournit quatre Maximes.

MAXIMES.

1 Pour exiger une Lettre de change, il faut qu'elle foit payable à celuy qui en demande le payement, ou par le texte de la Lettre, ou par ordre ou par tranfport de celuy qui en a les droits, ou qu'il en ait procuration.

2 Si celuy à qui la Lettre de change eft payable eft failly, fes creanciers, ou celuy pour compte de qui elle eft remife, peuvent obtenir du Juge le pouvoir de l'exiger.

3 Celuy qui paye cette Lettre de change doit connoître celuy qui reçoit, autrement il rifque de ne pas payer valablement.

4 Celuy qui reçoit eft garant de la verité

verité des ordres & de la Lettre, sauf
son recours contre les auteurs.

CHAPITRE XIV.

Des diligences que le Porteur d'une Lettre
de change doit faire, faute de payement
à l'écheance.

1 LES Porteurs de Lettres de
change ne peuvent differer
d'en exiger le payemét, sans s'exposer
aux risques de la solvabilité de ceux
qui les ont acceptées ɣ, & sans donner atteinte à leur recours en garantie contre ceux qui leur sont obligez, parce que la negligence à demander le payement est un dol qui
les rend responsables du déperisse-
ment qui arrive.

2 C'est pourquoy ils sont obligez
pour la conservation de leurs droits
de faire des protests à faute de paye-

ɣ Dolus est, si quis nolit persequi, quod persequi potest, aut si quis non exigerit, quod exigere potest. *L.* 44.
ff. mandati. Nominum, quæ deteriora facta sunt tempore curatoris periculum ad ipsum pertinet. *L.* 9. §. 9. *ff.*
de adm. rer. ad civit. pert.

K

ment, lorſque les Lettres de change
ſont écheuēs, dans les temps, & ſuivant les uſages reſpectifs des lieux
où les Lettres de change ſont payables : car par la même raiſon qu'une
Lettre de change tirée de Londres
& payable à Paris, le proteſt fauté
de payement ne peut être fait que
ſuivant l'uſage de Paris, & non ſuivant celuy de Londres ; de même,
une Lettre de change tirée de Paris
payable à Londres, ou en une autre
Ville n'étant pas payée à l'écheance,
le proteſt en doit être fait ſuivant
l'uſage de Londres, ou de cette autre
Ville où elle eſt payable.

3 Ce proteſt eſt à peu prêſ conçu
en cette forme dans la ville de Lyon.

En la preſence du Notaire Royal
fouſſigné, & des témoins aprêſ nommez, Sieur   a ſommé & in-
terpellé Sieur   de luy payer
comptant la ſomme portée par la Lettre de change ſur luy tirée, de laquelle la teneur s'enſuit

proteſtant à défaut de payement de

tous dépens, dommages & interêts,
& de prendre ladite fomme de

à Change & rechange au cours de la
place de cette Ville, & de s'en prévaloir fur telle place qu'il avifera bon
être, fur & contre qui il appartien-
dra; & ce parlant à

lequel a fait réponfe

ce que ledit Sieur a pris pour refus,
& perfiftant en fes proteftations a demandé acte, octroyé.

4 Mais parce que les ufages font
fort differens, & que lorfque l'on reçoit les protefts des places étrangeres, l'on doute fouvent de leur validité quand ils ne fe trouvent pas conformes à nôtre ufage, comme il eft
arrivé en l'année 1664. entre les
Sieurs Galon Banquiers à Lyon d'u-
ne-part, & les Sieurs Robilliac &
Reynard, & les freres Simonet d'autre-part, touchant la validité des protefts faits à Florence, qui ont été jugez bons & valables par Arreft du
11. Février 1668. rendu en la Grand'
Chambre au Rapport de feu Monfieur Dulaurens: il eft à propos de
rapporter les differens ufages des

places, afin que l'on puisse connoître si les protests qui en viennent y sont conformes.

5 Et parce que dans ce procês des Sieurs Gallon, Robilliard & Reynard, & freres Simonet, une rencontre de jours feriez avoit extrêmement prolongé le temps du protest, l'espece en est assez curieuse pour être inserée en cet endroit.

6 Le 13. Mars 1664. Robilliard & Reynard fournirent une Lettre de change de 1666. écus & deux tiers de Florence, changez à soixante & quinze écus de Florence pour cent écus de trois livres de Lyon, payable à dix jours de vûë au Sieur Horace Marucelly de Florence, par Jean Paul Prades Banquier à Florence, valeur des Sieurs Gallon.

7 Le 20. de Mars de la même année les freres Simonet fournirent pareillement aux Sieurs Gallon une Lettre de change de 1200 écus de trois livres de Lyon, payable à dix jours de vûë au même Horace Marucelly par le même Jean Paul Prades.

8 Le 27. du même mois les Sieurs

Robilliard & Reynard fournirent encore aux Sieurs Gallon une autre Lettre de change de 2000. écus de France chargez à foixante-quinze & demy écus de Florence pour cent écus de France, payable à dix jours de vûë audit Sieur Marucelly par le même Jean Paul Prades.

1664. {

Celle du 13. Mars fut acceptée le 16. Mars.

Celle du 20. Mars fut acceptée le 2. Avril.

Et celle du 27. Mars fut acceptée le 9. Avril.

9 Elles furent toutes trois proteftées faute de payement le 22. Avril 1664. (parce que le jour precedent Prades s'étoit abfenté à caufe du defordre de fes affaires) & renvoyées à Lyon au Sieur Gallon ; ce qui donna lieu à l'action en garantie qu'ils intenterent en la confervation le 8. May 1668. tant contre les Sieurs Robilliard & Reynard, que contre les Sieurs freres Simonet, pour en être rembourfé avec le retour & frais du proteft.

10 Robilliard & Reynard, & les

K iij

Simonet foûtenoient que les protefts n'avoient pas été faits dans le temps, & qu'il y avoit un intervale de temps de negligence, depuis l'écheance jufques au proteft , qui rendoit Marucelly refponfable de la banqueroute de Prades, qui étoit l'Acceptant , & qu'ainfi l'on n'avoit aucun recours contre eux.

11 Mais les Sieurs Gallon ayans demandé à faire preuve par enquête que l'ufage à Florence étoit :

Primò, Qu'à Florence, en acceptant une Lettre de change, celuy qui l'accepte met feulement accepté, & quand elle eft à tant de jours de vûë, il met la datte de l'acceptation, & ne figne pas.

Secundò, Que le jour de l'acceptation ne fe compte pas, & le terme ne commence que du jour fuivant.

Tertiò, Que le jour de l'écheance appartient tout au Debiteur ; qu'on ne le peut contraindre au payement ce jour-là, & partant que lorfque le terme échoit un Samedy, foit qu'il foit fefte ou non, on ne paye pas ces Lettres ce Samedy ; mais le paye-

ment en eſt differé au Samedy ſuivant, parce que les Lettres de change
ne ſe payent que le premier Samedy
aprês l'écheance des Lettres de change, auquel jour on donne les bilans.

Quartò, Que les payemens des Lettres de change parmy les Banquiers
& gens d'affaires n'ont accoûtumé
d'être faits que par le moyen de la
Banque Giro, tenuë par un Banquier
qui eſt élû à temps par le Grand Duc,
par le moyen des bilans qu'on preſente à cette Banque le Samedy, & le
Maître de Banque a temps juſques
au Mardy ſuivant, pour verifier les
bilans, & ſe déclarer s'il veut allouër
les parties qui ſont demandées dans
les bilans.

Quintò, Que lorſque le Maître de
la Banque ne veut pas allouër les parties qui ſont demandées dans les bilans, il en fait la notification pour
tout le Mardy ſuivant, en conſequence de quoy celuy qui a donne le bilan eſt tenu rayer les parties refuſées,
& ne peut contraindre le Maître de
la Banque à les paſſer pour bonnes,
& enſuite l'on fait le proteſt.

K iiij

Sextò, Que le Samedy Saint on ne
preſente pas les bilans à la Banque
Giro, ny l'on ne paye pas les Lettres
de change ; mais on retarde juſques
au Samedy ſuivant.

12 Ce qui fut ordonné par Sentence de la Conſervation du 5. Aouſt
1664. & ſur cette preuve ayant fait
voir que ſuivant l'uſage de Florence
le premier Samedy après l'écheance
de la Lettre de change du 13. Mars,
& de celle du 20. Mars étoit le Samedy S. jour ferié à Florence;ce qui ren-
voyoit au Samedy 19. Avril pour donner le bilan, & au Mardy 22. Avril
pour le proteſt. Sur l'appel de cette
Sentence qui avoit ordonné l'enquête & le principal évoqué, par Arreſt
du 28. Février 1668. Robilliard &
Reynard, & les freres Simonet furent condamnez à payer le contenu
aux Lettres de change, avec les interêts puis le proteſt.

13 L'on voit par cet Arreſt que la
Cour a jugé que la validité d'un proteſt dépendoit de l'uſage du lieu où
il a été fait, ainſi il importe de ſçavoir les differens uſages.

14 Par toute la France les protefts
des Lettres de change doivent être
faits dans les dix jours aprês celuy de
l'écheance z ; c'eft la difpofition pré-
cife de l'article 4. du titre 5. de l'E-
dit de commerce , & dans les dix
jours , l'article fix veut que l'on y
comprenne ceux de l'écheance & du
proteft ; en quoy il eft contraire à l'article quatre, qui n'ordonne de faire
le proteft que dix jours aprês celuy
de l'écheance. Depuis il y a eu une
Declaration du Roy du mois de Juin
1686, conforme à un Arreft du Con-
feil du 5. Avril de la même année ,
par laquelle Sa Majefté ordonne que
les dix jours accordez aux Porteurs
des Lettres de change pour les protefts , ne feront comptez que du lendemain de l'écheance des Lettres ,
fans que le jour de l'écheance y puiffe être compris ; le plus feur eft de
ne pas attendre l'extrémité, puifqu'il
eft libre au Porteur de le faire dês le

z Les Porteurs de Lettres de change qui auront été acceptées , ou dont le payement échoit à jour certain, feront
tenus de les faire payer ou protefter dans dix jours aprês
celuy de l'écheance. Article 4. titre 5. de l'Edit de commerce.

154 . L'ART DES LETTRES
lendemain de l'écheance.

15 La ville de Lyon a un usage particulier a pour les Lettres de change
payables en l'un de ses quatre payemens, qui est qu'elles soient protestées
dans les trois jours suivans non feriez ; c'est-à-dire, que comme les
payemens des Roys durent tout le
mois de Mars, il faut protester dans
les trois premiers jours d'Avril non
feriez. Les payemens de Pasques durent tout le mois de Juin, il faut protester dans les trois premiers jours
non feriez de Juillet. Les payemens
d'Aoust durent tout le mois de Septembre, il faut protester dans les trois
premiers jours non feriez d'Octobre.
Et les payemens des Saints durent
tout le mois de Decembre, il faut protester dans les trois jours de Janvier
les Lettres de change payables dans
ces payemens. Cet usage est autorisé
par le Reglement du 2. Juin 1667.
omologué par le Roy le 7. Juillet

a _Que les Lettres de change acceptées payables en payement qui n'auront été payées du tout ou en partie pendant
iceluy, & jusques au dernier jour du mois inclusivement,
seront protestées dans les trois jours suivans non feriez,
&c._ Article 9. du Reglement de la place de Lyon.

1667. & verifié en Parlement le 18.
May 1668. Et l'article 7. du titre 5.
de l'Edit de 1673. déclare qu'il n'y eſt
pas dérogé.

16 A Londres l'uſage eſt de faire le
proteſt dans les trois jours après l'é-
cheance, à peine de répondre de la
negligence : Et il faut encore obſerver que ſi le troiſiéme des trois jours
eſt ferié, il faut faire le proteſt la
veille.

17 A Hambourg de même pour les
Lettres de change tirées de Paris &
de Roüen ; mais pour les Lettres de
change tirées de toutes les autres places, il y a dix jours, c'eſt-à-dire qu'il
faut faire le proteſt le dixiéme jour
au plus tard.

18 A Veniſe l'on ne peut payer les
Lettres de change qu'en Banque, &
le proteſt faute de payement des Lettres de change doit être fait ſix jours
après l'écheance ; mais il faut que la
Banque ſoit ouverte, parce que lorſque la Banque eſt fermée, l'on ne peut
pas contraindre l'Acceptant à payer
en argent comptant, ny faire le proteſt ; ainſi lorſque les ſix jours arri-

vent, il faut attendre son ouverture pour demander le payement & faire les protests, sans que le Porteur puisse être reputé en faute.

19 La Banque se ferme ordinairement quatre fois l'année pour quinze ou vingt jours, qui est environ le 20. Mars, le 20. Juin, le 20. Septembre & le 20. Decembre; outre ce, en carnaval elle est fermée pour huit ou dix jours, & la semaine Sainte, quand elle n'est point à la fin de Mars.

20 A Milan il n'y a pas de terme reglé pour protester, faute de payement; mais la coûtume est de differer peu de jours.

21 A Bergame les protests faute de payement se font dans les trois jours aprês l'écheance des Lettres de change.

22 A Rome l'on fait les protests faute de payement dans 15. jours aprês l'écheance.

23 A Ancone les protests faute de payement se font dans la huitaine aprês l'écheance.

24 A Boulogne & à Livourne il n'y a rien de reglé à cet égard, l'on fait

ordinairement les protefts faute de
payement peu de jours aprês l'é-
cheance.

25 En Amfterdam les protefts faū-
te de payement fe font le cinquiéme
jour aprês l'écheance, de même à Nuremberg.

26 A Vienne en Auftriche la coûtume eft de faire les protefts faute de
payement le troifiéme jour aprês l'é-
cheance.

27 Dans les places qui font foires
de Change, comme Nouë, Frankfort,
Bolzan & Lintz, les prot fts faute de
payement b fe font le dernier jour de
la foire.

28 Il n'y a point de place où le delay de faire le proteft des Lettres de
change foit fi long qu'à Gennes, parce qu'il eft de trente jours, fuivant le
Chapitre 14. du quatriéme Livre des
Statuts.

29 Les Negocians de quelque places, comme ceux de Rome, fe per-

b Si Cambium aliquod effet folvendum & non accepta-
retur, vel non folveretur, tenetur creditor, feu ille cui
Cambium folvendum effet proteftari intra tringinta dies,
à die folutionis faciendæ, alias remaneat obligatus pro ipfo
Cambio, &c. *Cap. 14. lib. 4. ftat. Gen.*

fuadent n'être pas obligez de protefter faute de payement : mais cette opinion choque non feulement l'ufage
univerfel ; mais encore la raifon naturelle, parce que tant qu'ils ne feront
pas apparoir à ceux contre qui ils pretendent recourir, que l'Acceptant au
temps de l'écheance a été refufant de
les payer, ils ne pourront pas établir
leur recours c. C'eft pourquoy il faut
tenir pour conftant que tout Porteur
de Lettre de change eft obligé de protefter à l'écheance, fuivant les ufages
des places où les Lettres de change
doivent être payées, & le proteft eft
d'une neceffité fi indifpenfable, qu'il
ne peut être fuppléé par aucun autre
acte, fuivant la difpofition precife de
l'article 10. du titre 5. de l'Edit de
commerce.

30 Mais parce que le proteft ne fer-
viroit de rien à ceux qui font obligez
à la Lettre de change, & qui peuvent

c Priufquam campfor poffit agere contra campfarium
ad Litterarum folutionem debet apparere, an illæ Litteræ
fuerint acceptatæ, & folutæ, pro ut inter eos actum fuit,
& quando non fuerint folutæ, debet apparere, quod campfor feu alius nomine ipfius proteftatus fuit. *Scaccia* §. 7.
Gloffa 2. *num. 3. in fin.*

avoir des actions en garantie, comme les Porteurs & même les Tireurs, s'ils l'ignorent ^d, & que l'on a vû des Porteurs lesquels après les protests se tenans assurez de pouvoir exiger quand ils voudroient le contenu en la Lettre de change avec les interêts, negligeoient de le faire sçavoir à ceux qui y avoient interêt; d'où s'ensuivoient plusieurs inconveniens sur un resultat des Juges Consuls de Paris du

Il y eut un Arrest du Parlement du 7. Septembre 1663. qui fut suivy d'une Declaration du Roy du 9. Janvier 1664. par laquelle l'on avoit prescrit un temps convenable pour faire sçavoir les protests à tous ceux qui avoient mis des ordres & tiré des Lettres de change suivant la distance des

---

d Si protestaretur & certioraret debitorem, utique debitor, si tunc non solveret, teneretur ad Cambium & ad interesse; sed non certioratus videretur excusandus, quia posset præsumere Litteras fuisse solutas: hæcque justa præsumptio excusaret à morâ. *Curr. Iun. Consl. 132. habita num. 11.* Tum quia si Litteræ cambii spectent ad eumdem, cui solvendæ erant posset is malitiose omittere protestationem, & certiorationem debitoris, quia cum sciat debitorem esse securum, & idoneum desiderat illum obligare, etiam pro interessibus, cui malitiæ statutum Genuense prudenter obviavit. *Scaccia §. 2. Glossa 5. num. 320.*

lieux : Et par le Reglement de la place de Lyon du 7. Juillet 1667. il eſt
ordonné que les proteſts des Lettres
de change du Royaume feront ſigni-
fiez dans deux mois ; des Lettres d'I-
talie, Suiſſe, Allemagne, Hollande,
Flandres & Angleterre, dans trois
mois ; des Lettres d'Eſpagne, Portugal, Pologne, Suede & Dannemarc,
dans ſix mois.

31 L'Edit de commerce ne ſe contente pas d'une ſimple ſignification
de proteſt e, il veut que ceux qui auront tiré ou endoſſé des Lettres de
change ſoient pourſuivis en garantie
dans la quinzaine, s'ils ſont dans la
diſtance de dix lieuës, & au delà, à
raiſon d'un jour pour cinq lieuës,
pour les perſonnes domiciliées dans

---

e Ceux qui auront tiré ou endoſſé des Lettres feront
pourſuivis en garantie dans la quinzaine, s'ils ſont domiciliées dans la diſtance de dix lieuës, & au delà, à
raiſon d'un jour pour cinq lieuës, ſans diſtinction du reſ-
ſort des Parlemens ; ſçavoir, pour les perſonnes domiciliées dans nôtre Royaume, & hors iceluy, les delaïs ſeront de deux mois pour les perſonnes domiciliées en Angleterre, Flandres ou Hollande de trois mois ; pour l'Italie,
l'Allemagne & Cantons des Suiſſes, de quatre mois ; pour
l'Eſpagne, de ſix ; pour le Portugal, la Suede & le Dannemarc. Edit de commerce titre 5. article 13.

le

léRoyaume, & dans deux mois pour
les perfonnes domiciliées en Angleterre , Flandres ou Hollande , dans
trois mois ; pour l'Italie , l'Allemagne & les Suiffes , dans quatre mois ,
pour l'Efpagne, & dans fix mois pour
lePortugal,la Suede & leDannemarc.
L'article 14.de cet Edit marque com-
ment il fautcompter le temps, & l'art.
15. ftatuë une fin de non-recevoir contre les Porteurs après ces delais.

32 Il femble que cette obligation
de pourfuivre les garants, ordonnée
par la Déclaration de 1664. foit contraire au bien du commerce , parce
qu'elle ôte les facilitez que les creanciers pouvoient donner aux garants,
fans aucun préjudice des uns ny des
autres , & elle met les negocians dans
une neceffité indifpenfable de faire
des procês ; ce qui eft defavantageux
aux uns & aux autres.

33 Le Sieur Savary dans fon parfait
Negociant, Chapitre 6. Livre 3. de la
premiere Partie , page 178. feconde
Edition , dit , que la pourfuite en garantie eft ordonnée, parce que l'on
avoit reconnu des abus dans les notifi-

L

cations qui n'étoient pas toûjours faites fidellement ; mais quand on auroit ordonné les mêmes précautions que pour les ajournemens dans l'Ordonnance du mois d'Avril 1667. particulierement à l'article 4. ou autres équipollentes, il semble que sçauroit été pour le bien du commerce.

34 Il faut observer que de la maniere que cette disposition a été conçuë, soit pour la notification des protests, dans la Declaration de 1664. & dans le Reglement de Lyon, ou pour l'action en garantie dans l'Edit de commerce; pour ce qui est des Lettres étrangeres, est fort sujet à n'être pas executé, parce qu'il est dit pour les Lettres d'Italie, Suisse, Allemagne, Hollande, Flandre, Angleterre, &c. & pour les personnes domiciliées en Angleterre, Flandre, Hollande, &c. ce qui regarde les notifications & poursuites en garantie à faire hors le Royaume, dont les Juges étrangers seront seuls saisis, & lesquels ne sont pas obligez à Juger leurs Justiciables selon nos Loix.

35 Mais il auroit été plus à propos

de dire dans ces difpofitions les Lettres de change tirées de France & payables en places étrangeres, étant proteftées faute de payement, les Tireurs & Donneurs d'ordre feront pourfuivis en garantie ; fçavoir, de celles payables en Angleterre, &c. dans deux mois, parce que cette garantie fe devant exercer devant les Juges du Royaume, ils la jugeroient fuivant laLoy faite pour leRoyaume.

36 Il auroit encore été à propos d'expliquer fi les delais établis doivent être pour chaque Donneur d'ordre, enforte que le Tireur ne peut pretendre de fin de non-recevoir fi la Lettre a été negociée fur plufieurs places, pour lefquelles il aura été employé plufieurs delais pour les pourfuites en garantie, ou fi les delais doivent être pris étroitement du lieu où la Lettre de change devoit être payée à celuy où elle a été tirée, parce qu'il eft arrivé quelques differens à cet égard, que l'on étoit en peine de regler. J'en ay vû un d'une Lettre de change tirée à Orleans, & payable à Paris à l'ordre d'un particulier, qui avoit mis

fon ordre en faveur d'un particulier
de Tours, celuy-cy avoit mis le fien
en faveur de Saint Eftienne en Fo-
reft; celuy-cy avoit mis le fien en faveur d'un particulier de Lyon , lequel avoit mis le fien en faveur d'un
particulier de Paris. Elle fut proteftée faute de payement, & renvoyée
à Lyon & à tous les lieux où elle avoit
paffé : ce qui ne peut être fait dans le
delay ftatué d'Orleans à Paris , fuivant l'article 13. de l'Edit de commerce, qui eft de dix-neuf jours, la
diftance n'étant que de trente lieuës ;
fçavoir , quinze jours pour les premiers, dix lieuës, & quatre jours pour
les vingt lieuës reftantes , à raifon
d'un jour pour cinq lieuës, le Tireur
fe défendoit par la fin de non-recevoir, & la plus commune opinion fut
que chaque Endoffeur devoit avoir
le temps pour la pourfuite , fuivant
la diftance du lieu de la demeure au
lieu de celle de fon Endoffeur, & que
le Tireur ne pouvoit compter que du
jour que la pourfuite avoit été faite
à celuy à qui il avoit fourny la Lettre
de change ; les Parties s'accommode-

rent fans donner lieu à aucun Arreſt
qui peut fervir de Reglement. Le
Sieur Savary dit dans le Chapitre 22.
qu'une femblable queſtion fe prefen-
ta à Laval en Février 1673. que les
Confuls de Laval en écrivirent aux
Confuls de Paris, qui luy renvoye-
rent cette affaire, fur laquelle il donna fon avis conforme à l'opinion commune cy-deſſus rapportée, & qu'il fut
ainſi jugé par Sentence confirmée par
Arreſt. Il auroit été à propos qu'il
eut dit le nom des Parties, la datte de
la Sentence & de l'Arreſt.

37 Si l'Edit de commerce n'avoit
obligé qu'à la notification du proteſt,
comme portoit la Declaration de
1664. le Porteur de la Lettre de change pourroit aifement prévenir l'in-
convenient de la queſtion qui vient
d'être propofée, en faifant faire deux
expeditions du proteſt, dont l'une feroit renvoyee à fon Endoſſeur, & l'autre notifiée au Tireur : mais cet Edit
defirant une pourfuite en garantie,
c'eſt impofer une neceſſité de procês,
laquelle chacun tâche d'éviter.

·38 Lors qu'un Endoſſeur ſ pourſuivy en garantie oppoſe la fin de non-
recevoir, il faut qu'il paroiſſe ou qu'il
a donné la valeur de la Lettre de
change, ou qu'il fut creancier de ſon
auteur ; & lorſque le Tireur veut op-
poſer la fin de non-recevoir, il faut
qu'il prouve que celuy ſur qui la Lettre de change étoit tirée luy devoit,
ou qu'il en avoit la proviſion ; c'eſt la
diſpoſition de l'article 16. du titre 5.
de l'Edit de commerce, & cela eſt
conforme à l'équité g, parce que
ſi l'on n'avoit pas donné la valeur
de la Lettre de change on n'é-
toit pas creancier de ſon auteur ; &
ſi l'autre (qui eſt le Tireur) n'avoit
pas envoyé la proviſion, ou n'étoit
pas creancier de celuy qui devoit
payer la Lettre de change, ils ſeroient tous deux aux mêmes termes.

ſ Les Tireurs ou Endoſſeurs des Lettres ſeront tenus de
prouver, en cas de dénegation, que ceux ſur qui elles
étoient tirées leur étoient redevables, ou avoient proviſion au temps qu'elles on dû être proteſtées, ſinon ils ſeront
tenus de les garantir. Edit de commerce titre 5. art. 16.
g Cum enim ſit bonæ fidei judicium, nihil magis bonæ fidei congruit, quam id præſtari, quod inter contra-
hentes actum eſt. L. 11. §. 1. ff. de act. empt.

de ceux qui vendent h ; ce qui ne leur
appartient pas, ou qui cedent ce qui
ne leur eſt pas dû ; ce qui eſt un dol
& une mauvaiſe foy, contre laquelle
il ne ſeroit pas juſte d'admettre une
fin de non-recevoir : Mais ſi l'un a
payé la valeur, & ſi l'autre avoit remis la proviſion, ils peuvent être déchargez de la garantie, lorſque le
proteſt n'a pas été fait dans les temps
ordinaires, ſuivant les uſages des places ; & en France ſi l'action en garantie n'eſt pas intentée dans les delais
ordonnez par l'Edit de commerce.

39. Si bien qu'il importe extrêmement que le Porteur faſſe les diligences expliquées dans ce Chapitre, pour
conſerver les droits du rembourſement, qu'il faut examiner dans le
Chapitre ſuivant.

L'on peut recueillir quatre Maximes de ce Chapitre.

h Si dolo malo aliquid fecit venditor in re vendita, ex
empto eo nomine actio competit : nam & dolum malum
eo judicio æſtimari oportet, ut id, quod præſtaturum ſe
eſſe pollicitus ſit venditor, emptori præſtari oporteat.
L. 6. §. 8. ff. de act. empt.

MAXIMES.

1 Le Porteur d'une Lettre de change est obligé à l'écheance, ou au plus dans les delais ordinaires des lieux d'exiger la Lettre de change, ou de la faire protester, d'en notifier le protest, & de pourfuivre ceux contre qui il pretend exercer fa garantie dans les delais ordonnez, à peine d'y être non-recevable.

2 Ce proteft pour être valable doit être fait fuivant l'ufage du lieu où la Lettre de change eft payable, & non fuivant celuy du lieu d'où la Lettre de change a été tirée.

3 Le Porteur ne peut jamais recourir contre ces Endoffeurs & Tireurs, fans faire apparoir par un proteft le refus du payement de la Lettre de change.

4 Les Endoffeurs & les Tireurs qui pretendent être déchargez de la garantie par la fin de non-recevoir faute de diligences dans le temps, doivent juftifier d'avoir donné la valeur de la Lettre de change, que l'Acceptant devoit ou avoit provifion.

CHAPITRE XV.

En quoy confiſtent les droits du Porteur d'une Lettre de change proteſtée faute de payement.

1 SI la Lettre de change n'appartient pas au Poſteur, & qu'elle luy ſoit remiſe pour compte d'autruy, il n'a qu'à la renvoyer à ſon auteur, & repeter contre luy les frais de proteſt & ſa proviſion, qui eſt la reconnoiſſance de ſa peine.

2 Mais ſi là Lettre de change appartient au Porteur, l'uſage univerſel luy donne le choix de trois moyens pour liquider les dommages du défaut de payement.

3 Le premier eſt de joindre à la ſomme principale les frais du proteſt, & les interêts depuis le jour du proteſt juſqu'à l'actuel payement i, parce que

---

i *L'intérêt du principal & du Change ſera dû du jour du proteſt, encore qu'il n'ait été demandé en Iuſtice.* Edit *de commerce titre 6. article 7.* Arreſt *du Conſeil du 26. Iuin 1647. entre Iean Savaron & Balzac & Seguret.* Arreſt *du Parlement du 13. Iuin 1643. entre Maître Pierre le Clerc de la Galoriere & Conſors, & Iacques Deſpinoy défendeurs.*

les interêts en fait de Lettres de change font dûs du jour du proteft, encore qu'il n'en ait été fait demande en Juftice. C'eft la difpofition de l'article 7. du titre 6. de l'Edit de commerce, & il avoit été ainfi jugé par plufieurs Arrefts.

4 Le fecond moyen eft [1], que le Porteur prenne de l'argent à Change, & qu'il fourniffe une Lettre de change payable en la même Ville d'où celle qui a été proteftée étoit tirée, & dans cette Lettre de change qu'il tirera il comprendra : *Primò*, La fomme principale de la Lettre dont il étoit Porteur : *Secundò*, Les frais de proteft : *Tertiò*, Sa provifion : *Quartò*, Le courtage : & *Quintò*, Le prix du nouveau Change ; ce qu'il eft à propos d'expliquer par un exemple. La

---

[1] *Ne fera dû aucun rechange pour le retour des Lettres, s'il n'eft juftifié par pieces valables qu'il a été pris de l'argent pour le lieu auquel la Lettre aura été tirée, finon le rechange ne fera que pour la reftitution du Change, avec l'interêt, les frais du proteft & de voyage, s'il en a été fait, après l'affirmation en Iuftice.* Article 4. titre 6. de l'Edit de commerce.

Qui exigere debet Cambium poteft non foluto, pecunias Cambio capere proteftatione facta. *Rota Genuenf. decif.* 143. *num.* 1.

Lettre de change proteſtée faute de payement étoit de 4000 liv. tirées de Lyon & payable à Paris. Les frais du proteſt une liv. dix ſols, La proviſion à un tiers pour cent 13 liv. 6. ſols 8. den. Le courtage à un huitiéme pour cent 5. liv. Et ſi le prix du nouveau Change eſt communément à un demy pour cent pour les payemens les plus prochains 60. liv. 5. ſols 10. deniers. Toutes ces ſommes jointes enſemble font 4080 liv. 2. ſols 6. den. dont il fera une Lettre de change pour le retour de celle qui a été proteſtée: cet uſage eſt autoriſé par l'article 4. du titre 6. de l'Ordonnance de commerce.

5 Le troiſiéme moyen que l'uſage univerſel donne au Porteur, par la clauſe du proteſt, c'eſt de faire ce rechange ſur telle place que bon luy ſemble, autre que celle dont la Lettre de change proteſtée a été tirée; enſorte que j'ay vû des Lettres de change tirées de Lyon & payables à Madrid, étans proteſtées faute de payement; le Porteur a fait le rechange & tiré des Lettres de change pour

fon rembourfement fur Amfterdam ;
& les Tireurs de Lyon des Lettres de
change proteftées , n'ont fait aucune
difficulté de pourvoir en Amfterdam
pour le payement de ce rechange,
parce que tel eft l'ufage de toutes les
places , & même le proteft porte la
claufe commune & expreffe de pro-
teftation de prendre de l'argent à
Change & rechange fur telle place
que l'on verra bon être..

6 Il eft vray que le Porteur qui
prend le Change fur une autre place
que celle d'où eft venuë la Lettre proteftée, doit en avertir les Interef-
fez [m] dans un temps convenable, afin
qu'il puiffe remettre à temps la provifion pour le payement de celle qu'il
a tirée.

7 Ce dernier moyen eft abrogé en
France par l'article 5. du titre 6. de

[m] Rurfus notificetur debitori , ad effectum ut certo
fciat debitum fuum, jam effe fub ufuris , ficque poffit fi
velit, ab illis fe liberare. Sçaccia §. 1. quæft. 7. part.2.
amp. S. num. 250.
  Clam facere videri, Caffius fcribit cum qui celavit ad-
verfarium, neque ei denunciavit. L.3. §. 7. ff. quod vi,
aut clam.

l'Edit de commerce n; mais comme nos Loix n'obligent pas les étrangers pour empêcher l'intention que l'on a euë de favoriser les Negocians du Royaume n'ait un effet tout contraire, il faut examiner de part & d'autre de quel côté est l'équité, afin qu'étant reconnuë, elle soit suivie sans resistance.

8 Ce moyen de tirer les rechanges sur d'autres places que celles d'où les Lettres de change étoient originaires étoit pratiqué en divers cas.

9 L'un & le plus considerable étoit lorsque la Lettre de change protestée se trouvoit chargée de plusieurs ordres passez en faveur de divers particuliers de differentes places ; que le Porteur prenoit son retour sur son auteur, celuy-cy sur le sien, & ainsi des uns aux autres jusqu'au Tireur.

n La Lettre de change même payable au Porteur ou à ordre étant protestée, le rechange ne sera dû par celuy qui l'aura tirée, que pour le lieu où la remise aura été faite, & non pour les autres lieux où elle aura été negociée, sauf à se pourvoir par le Porteur contre les Endosseurs pour le payement d'un rechange des lieux où elle aura été negociée, suivant leur ordre. Article 5. titre 6. de l'Edit de commerce.

EXEMPLE.

Pierre de Paris fournit à Jean de la même Ville une Lettre de change de 3000 liv. dattée du mois de Juin sur Paul de Lyon, payable à Jean ou à son ordre aux payemens d'Aouft ; c'eſt-à-dire dans tous les mois de Septembre lors prochain, valeur reçuë comptant de luy-même. Jean paſſe ſon ordre au profit de Jacques d'Amſterdam, met le ſien au profit de Bernardin de Veniſe.

. Et Bernardin de Veniſe met le ſien au profit de Guillaume de Lyon, pour en procurer l'acceptation & le payement.

En payement d'Aouft Paul de Lyon ſur qui la Lettre de change eſt tirée, la laiſſe proteſter , & en cet état Guillaume Porteur a pris le rechange ſur Bernardin de Veniſe, avec les frais de proteſt, de courtage, & de ſa proviſion.

Bernardin de Veniſe a pris le rechange du payement qu'il a fait ſur Jacques d'Amſterdam, avec les frais

de courtage & de provifion ; & Jacques d'Amfterdam a encore pris le
rechange de ce qu'il a payé, avec les
frais de courtage & provifion fur
Jean de Paris, qui a mis le premier
ordre en fa faveur ; au moyen de tous
ces rechanges ce dernier recours eft
beaucoup plus rigoureux qu'il n'auroit pas été de Lyon à Paris.

Cependant Jean demande à Pierre
Tireur le remboursement de tous ces
rechanges caufez par le défaut de
payement de la Lettre de change par
luy fournie, comme garand non feulement de la Lettre de change ; mais
encore de tous les dommages & interêts qui procedent du défaut de payement.

10 Un autre cas où l'on pratique
cette maniere de prendre le rechange fur telle place que le Porteur trouvoit bon par une neceffité, étoit lors
qu'il n'y avoit pas negoce ordinaire
& reglé de la Ville où la Lettre de
change étoit payable, pour celle d'où
elle a été tirée : Par exemple, une
Lettre de change payable à Boulogne, en Italie, & tirée de Paris, il

eſt tres-certain qu'il n'y a pas de né-
goce ordinaire de Boulogne à Paris,
il faut de neceſſité prendre le rechange ſur une autre place qui ait un negoce ordinaire & courant pour ces
deux places, comme Lyon, afin que
le debiteur du Change puiſſe faire le
rembourſement de ce rechange dans
cette place intermediaire, ou ſe faire retirer un autre rechange. Il en
eſt de même de la pluſpart des autres
places d'Italie avec Paris, d'Hambourg, de Dantzic, & autres places
avec Lyon, & ainſi de pluſieurs places.

11 L'on voit même des cas, ou quoy
qu'il y ait un negoce aſſez ordinaire
entre la place d'où la Lettre de change eſt tirée, & celle où elle eſt adreſſée ; neanmoins les Porteurs en cas
de proteſt prennent le rechange ſur
une autre place : Par exemple, des
Lettres de change tirées à Lyon &
proteſtées à Veniſe, le Porteur en
prend ſouvent le rechange, ou ſur
Nouë, ou ſur Amſterdam, ou ſur
Londres.

12 Le Sieur Savary dans ſon parfait

fait Negociant, feconde Edition, premiere Partie, Livre 3. Chapitre XI. page 271. propofe encore trois cas qui produifent plufieurs rechanges. Le premier eft lorfque le Tireur remet fa Lettre à un Banquier d'une autre place que celle où la Lettre de change eft adreffée.

EXEMPLE.

Pierre de Paris doit 3000. livres à Jacques d'Amfterdam pour s'acquiter de cette dette, il luy envoye fa Lettre de change tirée fur Paul de Lyon, & ordre de la negocier : cette Lettre de change eft proteftée, le Porteur prend le rechange fur Jacques d'Amfterdam qui la luy a remife, & Jacques prend un fecond rechange fur Pierre de Paris.

13 Le fecond cas du Sieur Savary page 272. du même Livre, eft lorfque le Tireur d'une Lettre de change fur une place envoye pour provifion pour l'acquitter une autre Lettre de change fur une autre place, & que cette derniere Lettre de change eft proteftée.

M

EXEMPLE.

Pierre de Rion en Auvergne tire
une Lettre de change de 3000. livres
sur Paul de Paris payable à Thomas;
pour acquitter cette Lettre de change, Pierre remet à Paul une Lettre de
change sur Jacques d'Orleans, Jacques d'Orleans laisse protester cette
Lettre; le Porteur en prend le rechange sur Paris; & le rechange fait
à Paris est pris sur Rion.

14. Le troisiéme cas du Sieur Savary est lorsque le Tireur de la Lettre de change donne pouvoir, soit au
Donneur de valeur ou au Porteur de
la disposer pour un autre lieu que
celuy où elle est adressée, où pour
tous les lieux qu'il sera trouvé bon,
& en ce cas lorsqu'une pareille Lettre retourne en protest, tous les rechanges en sont dûs aux termes de
pouvoir donné par le Tireur, c'est la
disposition de l'article 6. du titre 6.
de l'Edit de commerce.

15 Il faut maintenant examiner ce
differens cas par les principes de l'é-

quité de la raison & des Loix , sans
s'arrêter à l'usage qu'entant qu'il s'y
trouvera conforme, parce qu'en ce
que cet usage s'y trouvera contraire,
il faut le corriger comme abus.

-16 C'est un principe d'équité ° que
toutes les fois que le Porteur d'une
Lettre de change protestée peut pren
dre son rechange à moins de perte &
de dommage pour le Tireur d'une façon que d'une autre, le Tireur n'est
obligé de rembourser le rechange que
de la façon qui produit le moins de
dommage.

17 Ce principe posé, il est certain
que toutes les fois qu'il y a un negoce ordinaire & reglé de la part où la
Lettre de change devoit être payée
pour celle d'où elle est tirée, comme
de Lyon à Paris, il y est moins de
perte pour le Tireur que le rechange soit pris pour Paris que s'il est pris

o Confirmatur secundo quia creditor , quando potuisset
aliter cum minori dispendio se conservare in demnem
tunc debitor tenetur solum ad id , quod cum minori dispendio potuisset se conservare indemnem , & non ad illud
plus. *Scaccia* §. *1. quæst. 7. amp. 8. num. 249. in fin.* Qui
libet debet esse intentus ut non noceat , sed ut profit alii.
Glossa in L. 1. §. 3. ff. de peric. & comm. rei. vendit.

pour une autre place, comme pour
Venife; & par confequent le Tireur
d'une Lettre de change tirée de Paris, payable & proteftée à Lyon, ne
doit que le rechange de Lyon à Paris, & ce feroit une injuftice de l'obliger à le rembourfer d'une autre maniere.

18 Et ce que l'on voudroit objec-
ter de la part du Porteur, qu'il doit
faire le retour à fon auteur, ne peut
être confideré contre le Tireur, puifque la valeur du rechange qu'il pren-
droit pour Paris feroit un fonds pareil pour le retour de fon auteur,
que le rechange qu'il prend fur fon
auteur, outre que le Tireur, qui eft
le Debiteur originaire ne doit pas
être chargé de ce qui ne regarde que
le fait d'autruy P, comme toutes les
negociations en diverfes places.

19 Par la confideration donc de
ce feul principe, il faut dire qu'à l'é-
gard des rechanges de la même efpece premier cas, l'article 5. du titre 6.
de l'Edit de commerce n'a fait que

p Factum cuique fuum non adverfario nocere debet.
L. 155. ff. de reg. jur.

déclarer & autoriſer les principes de
l'équité, leſquels ne peuvent être re-
fuſez ſans bleſſer la droite raiſon.

20 Il y a une difference conſiderable à faire entre les droits qui ſont
contre le Tireur, & les droits que le
Porteur a contre ſon auteur ; car.le
Tireur n'eſt tenu qu'au retour directement de la place où la Lettre eſt
adreſſée, pour la place d'où elle eſt
tirée, comme étant la ſeule obligation reſultante du fait de ſa negociation, & que l'on peut dire ſubſtan-
tielle de la convention ; car l'on ne
peut pas dire que la convention d'un
Change comprenne naturellement
autre choſe que la promeſſe de la part
du Tireur de faire payer la Lettre
de change ; & en cas de proteſt, d'en
payer le rechange du lieu où elle é-
toit adreſſée au lieu de ſon origine,
& nullement des rechanges & des
negociations imprévûës q, & proce-
dantes du fait de ceux qui en ſeroient
Porteurs, & qui étoient abſolument
ignorez.

q Non attenditur id de quo cogitatum non docetur.
Arg. L. 9. ff. de tranſact.

21 Mais pour les auteurs du Porteur, quand le Porteur prend son recours à droiture fur son auteur immediat, il n'exerce que le droit auquel il s'eft engagé, & ainfi de fuite les uns aux autres.

22 A l'égard des rechanges qui fe prennent au fecond cas fur des places intermediaires, pourvû que le Tireur original de la Lettre de change proteftée foit averty dans un temps convenable, pour pouvoir mettre ordre au payement de ce rechange; la neceffité d'en ufer ainfi le rend legitime, auffi-bien que le rechange qui fe prend, quand faute par le Tireur d'avoir pourvû en la place intermediaire au payement de ce premier rechange, il faut en faire un fecond de cette place intermediaire fur la place originaire.

23 L'on peut même dire que les parties font tacitement convenuës qu'il en feroit ufé ainfi, parce que tant de la nature du contract de Change qu'à défaut de payement de la Lettre de change, le Porteur puiffe prendre le retour avec le rechan-

ge, pour suppléer au fonds à quoy le payement de la Lettre de change devoit être employé s'il avoit eu effet; & se trouvant une impossibilité de prendre ce retour avec le rechange à droiture pour la place originaire de la Lettre de change, il faut necessairement que ce soit par des places intermediaires ; & par consequent comprendre cette necessité comme une convention sous-entenduë r, & tacite des parties, qui à cause de l'impossibilité d'en user autrement, doit operer le même effet que si elle étoit expressé ; & par consequent les rechanges en sont dûs, comme s'ils avoient été convenus suivant l'article 6. du titre 6. de l'Edit de commerce.

24 Pour ce qui est des rechanges qui se prennent au troisiéme cas sur des places intermediaires ; s'il y a

---

r In contrahendo quod agitur pro cauto habendum est. *L. 3. ff. de rebus creditis.* Hoc est cum contrahimus quædam, & si non sine verbis nominatim expressa, subintelliguntur tamen, ex natura ipsius actus quem agimus seu gerimus ; ea pro cautis & expressis habenda sunt : perinde præstantur ea, ac si cauta & expressa fuissent. *Gottofred. in l.*

preuve par des certificats autentiques d'Agens de Changes de la place où la Lettre de change a été proteſtée faute de payement ; qu'il ne
s'eſt pas trouvé d'argent pour la place d'où elle étoit tirée lors du proteſt , ny pendant huit ou dix jours
après ; en ce cas le rechange qui auroit éte pris ſur la place intermediaire ſe trouveroit de la même nature
que celuy du ſecond cas : & quoi-que
ce fut un cas-fortuit, le Tireur ne
ſeroit pas bien fondé à pretendre le
rejetter ſur le Porteur , parce que le
Tireur eſt en faute de n'avoir pas ſi-
bien pourvû au payement de ſa Lettre de change qu'elle ne fut pas proteſtée faute de payement, il doit être
reſponſable de ce qui arrive par cas-
fortuit , ſur le retour & le rechange
que ſa faute produit.

. 25 Mais s'il n'y avoit point de preuve que l'argent eut manqué dans la
place où la Lettre de change étoit
proteſtée , pour celle d'où elle étoit
tirée , en ce cas-là il n'y a pas de difficulté que cette multiplicité de rechange n'eſt pas legitime, par les rai-

fons expliquées cy-deſſus au premier
cas.

26 Et pour lors, auſſi-bien qu'au
premier cas, tout ce qui peut être
pretendu contre le Tireur, c'eſt de
calculer un rechange de la Lettre,
& tous les frais expliquez cy-deſſus
au cours du Change, qui couroit au
temps du proteſt dans la place où la
Lettre de change a été proteſtée,
pour la place d'où elle étoit tirée.
C'eſt ſans doute pour cet effet qu'au
bas de tous les proteſts d'Italie, il y
a toûjours un certificat de deux Agens
de Change du prix qu'il s'eſt changé
en ce temps-là dans cette place, pour
celle d'où la Lettre de change proteſtée étoit tirée.

27 Et le Tireur ne ſeroit pas bien
fondé à s'en défendre, & dire que ce
ne ſeroit qu'un retour feint, & que
par conſequent il ne doit que les interêts; parce que dês lors qu'il ſeroit
juſtifié qu'il y a eû un retour, & qu'il
a été pris de l'argent dans le lieu auquel la Lettre a été tirée ; il ſeroit dû
rechange, & il n'importe pas que ce fut
pour une place intermediaire. L'artic.

4. du titre 6. de l'Edit de commerce
ne fpecifie pas fur quelle place le retour fera fait, pour rendre le Tireur
debiteur du rechange, au lieu de l'interêt; & cette détermination du lieu
portée par l'article 5. ne fert que
pour fixer la maniere dont le rechange eft dû, & le reduire à ce qu'il
doit être, & non pas pour le détruire.

28 Pour ce qui eft des rechanges
qui fe pratiquent dans les deux cas
rapportez par le Sieur Savary, ils ne
peuvent fouffrir de difficulté, parce
que dans ces deux cas, ce font purement des negociations contenant
des commiffions pour raifon dequoy
les Porteurs des Lettres de change,
qui font les Commiffionnaires, ont
leur action contre les Commet-
tans pour le rembourfement de tout
ce qu'ils fouffrent par la faute du
Commettant, qui eft le Tireur.

29 Et dans le dernier cas, ce font
des conventions que les parties ayant
une fois confenties, elles ne peuvent
fe difpenfer d'executer.

MAXIMES.

1 Le Porteur qui n'eſt pas proprietaire de la Lettre de change proteſtée faute de payement ne peut que la
renvoyer à ſon auteur, & repeter les
frais du proteſt & ſa proviſion.

2 Le Porteur proprietaire de la
Lettre de change proteſtée faute de
payement peut : *Primò*, Se faire payer
outre la ſomme principale les frais
du proteſt. *Secundò*, Il peut tirer en
la Ville d'où la Lettre de change eſt originaire, & non autre, la
ſomme principale, les frais du proteſt, ſa proviſion, le courtage, & le
prix du nouveau Change, qui s'appelle rechange.

3 Lorſqu'il n'y a pas de negoce reglé entre la place d'où la Lettre eſt
tirée, & celle où elle eſt payable ; le
rechange des places intermediaires
eſt dû.

4 Lorſque le Tireur a donné pouvoir de negocier ſa Lettre ſur diver-
ſes places ; le rechange deſdites places eſt dû.

CHAPITRE XVI.

Contre qui le Porteur peut exercer ses droits pour le remboursement d'une Lettre de change protestée faute de payement, & de ses dommages & interêts.

1 LE Porteur peut exercer ses droits pour être remboursé, tant du principal que des dommages & interêts liquidez, suivant qu'il a été expliqué dans le Chapitre precedent contre tous ceux qui sont compris dans la Lettre de change, soit pour l'avoir acceptée, soit pour avoir mis des ordres, ou pour avoir donné la valeur, quand il demeure du croire ; c'est-à-dire, qu'ils garantissent la solvabilité, soit pour l'avoir tirée, & même pour avoir donné ordre de la tirer, s'il y en a la preuve ; tous lesquels sont obligez solidairement, c'est-à dire, au total de la dette, tant en principal, interêts que dommages, interêts & dépens, sans aucun bene-

fice de diviſion ny de diſcution ; enſorte qu'il peut agir contre celuy qu'il
veut , & enſuite retourner aux autres , & même il peut agir en un même-temps , & tout à la fois contre
tous.

2 Il peut agir contre celuy qui l'a
acceptée ſ en vertu de ſon acceptation, qui eſt une ſtipulation formelle
par laquelle il eſt obligé de payer ;
c'eſt la diſpoſition formelle de l'artic.
11. du titre 5. de l'Edit de commerce.

3 Il peut agir contre le Tireur t qui
eſt obligé ſolidairement avec l'Acceptant , même après l'acceptation,
ſi cet Acceptant ne paye pas , & laiſſe
proteſter faute de payement.

4 Celuy qui a donné la valeur de
la Lettre de change u , & ceux qui

ſ Ex acceptatione oritur obligatio oritur obligatio, quia
perinde eſt ac ſi ſe ſolemni ſtipulatione ſolutorum ſe ob-
ſtruxiſſet. *Rota Genuenſ. deciſ. 104. num. 9.*

t Scribens Litteras cambii tenetur in ſolidum cum co,
cui ſunt ſcriptæ etiam poſt acceptationem. *Rota Genuenſ.
deciſ. 2. num. 41.*

Acceptante Litteras cambii non ſolvente, factáque pro-
teſtatione licitum eſſe præſentatori Litterarum regredi
adverſus ſcriptorem Litterarum. *Rota Gen. deciſ. 8. n. 19.*

u Remittentes tum demum ſunt liberati cum Litteræ
cambii effectum ſortiantur & ſecuta ſit ſolutio. *Rota Genuenſ. deciſ. 2. num. 10.*

l'ont donnée pour les ordres sont tenus comme Remetteurs, quand ils
demeurent du croire, parce que c'est
par leur fait que la Lettre de change
a passé au Porteur ; & ils ne peuvent
être liberez que lorsque la Lettre de
change est payée, & lorsqu'elle ne
l'est pas, ils sont obligez à la garantie.

5 La raison est, qu'en donnant la
valeur en leur nom, ils ont acquis
la proprieté de la Lettre de change,
& que ceux à qui ils veulent qu'elle
soit payable ne deviennent proprietaires que par leur moyen, comme il
a été expliqué au Chapitre huitiéme.

6 C'est pourquoy les Commission-
naires qui ne veulent pas être garants des Lettres de change qu'ils
prennent pour le compte d'autruy,
font mettre valeur de celuy pour
compte de qui ils la prennent par
leurs mains.

7 L'on pourroit comprendre sous
le nom des Remetteurs ceux qui ont
mis des ordres [x] ; mais puisque l'action

.. x Les Porteurs pourront aussi par la permission du Iuge saisir les effets de ceux qui auront endossé ou tiré les

du Porteur contre eux eſt nommé-
ment établie par les articles 12. & 13.
du titre 5. de l'Edit de commerce ; il
eſt ſuperflu de s'attacher à la compa-
raiſon.

8 Mais quoi-que l'Edit de commerce ne ſoit fait que pour le Royaume,
la même juriſprudence s'obſerve par
tout, parce qu'elle eſt conforme à l'é-
quité, à la diſpoſition de la Loy y, &
à l'uſage de la Rote de Gennes, qui
eſt d'une tres-grande conſideration
dans les matieres de commerce. Auſſi
en ce fait, comme le Porteur ne prend
la Lettre de change, ſoit en payement ou pour la valeur qu'il en donne, que dans l'eſperance qu'elle ſera
bien payée, lorſqu'elle ne l'eſt pas,
il eſt tres-juſte qu'il ait ſon recours

Lettres, encore qu'elles ayent été acceptées, &c. Art. 12.
Ceux qui auront tiré ou endoſſé les Lettres ſeront
pourſuivis en garantie, &c. Article 13. titre 5. de l'Edit
de commerce.
y Si Litterarum Auxenonis contemplatione, quas ad
Ariſtonem de numeranda tibi pecunia dederat, recepiſſe
te debitum ab Ariſtone, mandato non impleto, cum petitio debiti maneat integra, nihil legitimam exactionem
impedire poteſt. L. 23. Cod. de ſolutionibus.
Ita demum ſunt ab obligatione diſſoluti, ſi Littera effectum habuerit. Rota Genuenſ. deciſ. 2. num. 10.

contre celuy qui la luy a donnée, &
il ne feroit pas jufte que l'Endoffeur
profitât à la perte du Porteur.

9 Si dans la Lettre de change il eft
dit ; & mettez à compte d'un tel [z], qui
eft celuy qui aura donné l'ordre de
la tirer, fi le Porteur en avoit la preuve, comme il a été dit cy deffus : en
cas que la Lettre de change fût proteftée faute de payement, le Porteur
pourroit agir contre luy, parce qu'a-
yant été la caufe que la Lettre de
change eft tirée, il eft tenu du défaut
de payement.

10 Mais s'il n'en étoit fait aucune
mention dans la Lettre de change,
quoi-que le Porteur eut la preuve de
l'ordre, il ne pourroit agir contre celuy pour compté de qui la Lettre de
change auroit été tirée, qu'en exerçant les droits du Tireur, à qui celuy pour compte de qui la Lettre de
change a été tirée, eft obligée ; &
pour cela, il faudroit avoir fes droits

[z] Si Litteras ejus fecutus, qui pecuniæ actor fuerit,
ei qui tibi Litteras tradidit, pecunias credidifti, tam condictio adverfus eum, qui à te mutuam fumpfit pecuniam, quàm adverfus eum, cujus mandatum fecutus es,
mandati actio tibi competit. *L. 7. Cod. Mandati.*

cedez,

cedez, ou l'avoir difcuté auparavant;
& encore celuy pour compte de qui
là Lettre de change eft tirée pourroit
oppofer toutes les exceptions au Porteur qu'il pourroit oppofer au Tireur.

11 Ceux qui ont mis des ordres ne
font pas recevables à oppofer contre
la garantie qui leur eft demandée,
que ce n'eft pas pour leur compte
qu'ils ont mis-l'ordre ; mais par commiffion, ou pour prêter leur nom : car
en cette matiere de garantie l'on s'attache aux termes de la Lettre de
change ; & il a été ainfi jugé par Arreft du Parlement de Paris du 21.
Avril 1676. entre les Sieurs Rolland
& Gafparini, d'une part, & les Sieurs
Riggioly d'autre.

12 Le fait étoit que le Sieur Jofeph Maris de Barcellonne avoit é-
crit au mois de May 1672. aux Sieurs
Riggioly qu'ils recevroient pour fon
compte quelques effets qu'il avoit ordonné à Marfeille de leur envoyer,
& qu'il les prioit d'en remettre le pro-
venu à Amfterdam par Lettre payable à l'ordre de luy Maris.

N

13 Les Sieurs Riggioly prirent au mois de Juin deux Lettres de change des nommez Sollicoffre de deux mille écus payables à Amfterdam par Jean Froment à l'ordre d'eux Riggioly à deux ufances, pour valeur d'eux.

14 En execution de la commiffion, les Sieurs Riggioly mirent leur ordre en faveur de Jofeph Maris, & luy mit le fien au profit des Sieurs Parenzi & Bandinuchi.

15 Ces Lettres furent acceptées; mais pendant le delay de deux ufances, pour en exiger le payement, Jean Froment l'Accepteur, & les Sollicoffre Tireurs faillirent à leurs Creanciers; ce qui donna lieu à un proteft faute de payement du 17. Aouft 1672. en vertu duquel Maris ayant intenté fon action en garantie pardevant les Juges Confervateurs de Lyon, & la caufe portée à l'Audience, il en fut deboutté par Sentence du 7. Juillet 1673. fur ce que les Sieurs Riggioly foûtinrent n'avoir pris les Lettres en queftion que par commiffion.

16 Mais en ayant interjetté appel,

& cedé ſes droits aux Sieurs Rolland
& Gaſpariny , ils ſoûtinrent que les
Sieurs Riggioly étoient obligez à la
garantie de ces Lettres de change, &
des dommages & interêts, tant parce
qu'en ayant donné la valeur de leurs
deniers, ils en avoient acquis la proprieté ; que par leur ordre ils en a-
voient fait une ceſſion, laquelle les
obligeoit à la garantie ; que la commiſſion ne demandoit pas qu'ils fiſſent
mettre , que la valeur étoit reçuë
d'eux, encore moins qu'ils fiſſent faire la Lettre payable à eux-mêmes ,
qui étoient des actes qui les rendoient
proprietaires de la Lettre de change;
que ſi ils avoient employé ces Lettres
pour l'execution de la commiſſion,
cela ne les diſpenſoit pas de la garantie à laquelle ils étoient tenus, de
même que s'ils avoient negocié avec
quelque-autre. Enfin, aprés une pro-
cedure tres-longue & embaraſſée,
qui ne ſe reduiſoit pourtant qu'à cela, intervint Arreſt le 21. Avril 1676.
au Rapport de Monſieur Canaye,
Monſieur de Noujon Preſident , par
lequel la Sentence fut infirmée, & les

Sieurs Riggioly condamnez à payer
aux Sieurs Rolland & Gaspariny Ceffionnaires de Maris, les deux mille
écus contenus aux Lettres de change, avec les interêts depuis le proteft
jufques à l'actuel payement.

17 Il faut pourtant obferver que
fi celuy de qui la valeur eft déclarée,
defavouëoit de l'avoir donnée n'avoit
pas envoyé la Lettre de change à celuy à qui elle eft payable, & que le
tout eût été fait fans fon confentement & à fon infçû, comme il eft arrivé quelquefois, & notamment dans
l'affaire d'entre Philippes Martin &
Henry Barchaux, dont il eft parlé
au Chapitre 13. que Jacob Vas d'Ambourg avoit déclaré dans la Lettre de
change par luy tirée fur Philippes
Martin, qu'il en avoit reçu la valeur
de Bernard Guife, quoi-que Guife
n'en fçût rien ; en ce cas, celuy qui
feroit appellé en garantie, comme en
ayant donné la valeur, feroit tres-
bien fondé à defavouër une pareille
énonciation : & fi l'on n'avoit pas de
preuve qu'il y eut confenty, il n'en
pourroit pas être tenu.

18 Si un de ceux qui ont mis de ordres, ou donné la valeur pour quelqu'un des ordres paye au l'orteur de la Lettre de change proteftée faute de payement, il entre en tous les droits du Porteur, tant contre le Tireur, l'Accepteur, ceux qui ont mis des ordres & donné la valeur des ordres anterieurs à luy ; c'eft-à-dire, contre tous fes auteurs, ainfi qu'il a été expliquê au Chapitre neuf.

19 Cette action folidaire pour la Lettre de change acceptée & proteftée faute de payement contre l'Accepteur, le Tireur & les Endoffeurs, eft univerfellement reçuë fans conteftation, tant qu'il y a quelqu'un de ces obligez qui eft folvable, & qui fubfifte en état de pouvoir fouffrir les contraintes avec effet. Mais lorfque tous ces Debiteurs, c'eft-à-dire le Tireur, l'Accepteur & les Endoffeurs ont tous failly à leurs Creanciers, foit qu'ils fe foient abfentez, ou qu'ils ayent demandé terme & diminution de leur dette, il y a nombre de gens dans le commerce qui font d'avis que le Porteur ne puiffe

pas exercer fon action folidaire contre toutes les directions, & fur les
effets de tous ces Debiteurs ; mais
qu'il eft obligé & a la liberté d'en
choifir un, ou l'Accepteur, ou le Tireur, ou un Endoffeur, & que recevant la portion convenuë par celuy
qu'il aura choifi, avec la pluralité
de fes Creanciers, la direction entre
en fes droits de la Lettre de change,
pour agir contre un de ceux contre
qui il avoit recours, & ainfi de fuite.
Mais que tous ceux qui ne font pas
choifis par le Porteur, font liberez à
fon égard de plein droit, & que même tous ceux qui ne font pas choifis
par celuy que le Porteur a choifi, font
liberez à fon égard, & ainfi de fuite.

20 Nombre d'autres habiles gens
dans le commerce, & particulierement ceux qui ont eu des tranfports
& autres actions refultantes des actes
paffez devant Notaires, font d'un
avis contraire ; car ils tiennent que
le Porteur ayant une fois tous les Debiteurs, qui font l'Accepteur, le Tireur & les Endoffeurs pour obligez
folidairement, il peut exercer fon

action contre tous à proportion , & qu'aucune direction, ny aucun Crean-cier ne l'en peut empêcher.

21 J'ay crû ces deux avis si oppo-sez, si considerables, qu'ils meritoient bien d'être approfondis ; c'est pour-quoy après en avoir raisonné avec tous ceux que j'ay eu l'honneur de connoître , & que j'ay crû avoir le plus de lumieres ; je me suis avisé de penetrer cette question autant qu'il me seroit possible, & pour cet effet, de proposer un fait à consulter, re-vêtu de toutes les circonstances que j'ay pû imaginer , ou qui m'ont été proposées, de rapporter exactement toutes les raisons que j'ay apprifes de chaque party, & ensuite de consul-ter fur le tout par rapport aux prin-cipes de l'équité , de la Loy , & des Ordonnances : Mais parce que fou-vent l'amour propre nous éblouït, crainte d'un pareil accident, j'ay prié Mre Jean Baptiste Perrin Avocat, d'un merite assez connu, qui me fait l'hon-neur de m'aimer , de vouloir être mon guide, ce qu'il m'a accordé fort ge-nereusement , & après avoir redigé

nos fentimens de les figner, comme
il feront rapportez cy-aprés.

22 Mais parce que quelqu'un de
l'avis de l'option m'avoit dit que dans
une pareille rencontre M¹ de Fourcroy avoit été confulté & d'avis de
la neceffité de l'option, fçachant que
l'on ne peut donner fon avis que fur
ce qui eft propofé ; j'ay jugé que je
devois foûmettre cette confultation
à fa cenfure : Et quoi-que ces occu-
pations m'ayent fruftré de fon avis
fur tout le détail, j'ay eu l'avantage
qu'il a été d'avis que le Porteur ne
pouvoit pas être obligé à l'option,
comme l'on verra par fa confultation
cy-aprés ; & c'eft le point effentiel.

23 Quelques raifons que je me dif-
penferay de dire m'ont obligé à con-
fulter Monfieur Chuppé ; & fa maniere obligeante l'ayant porté à vouloir conferer avec moy plufieurs fois
pendant plufieurs heures, s'étant ap-
perçu quel étoit l'ufage que je vou-
lois faire de cette confultation, il a
porté fa generofité à l'excês, & m'a
donné des marques de bonté que je
ne fçaurois reconnoître.

24 Les Porteurs des Lettres de change acceptées, dont tous les Debiteurs font faillis, trouveront icy leur droit éclaircy, & leur conduite affez bien prefcrite; & fi les Creanciers des Debiteurs faillis veulent les reduire à la neceffité de l'option, il faudra qu'ils découvrent des fondemens nouveaux, & pourvû qu'ils foient conformes à l'équité, ils feront toûjours fort bien reçus.

MEMOIRE POUR CONSULTER.

A Amsterdam le 15. Février 1688. pour écus 4000.

MONSIEUR,

*A deux usances, il vous plaira payer par cette pre-
miere Lettre de change à l'ordre de Monsieur Sebastien
de Paris la somme de quatre mille écus, pour valeur en compte, & mettez à compte, comme par l'a-
vis de*

Vôtre tres-humble & tres-affectionné serviteur.
A Monsieur,   *Barthelemy.*
Monsieur Jacques.
A Roüen.

Accepté à Roüen ce premier Mars 1688.
Jacques.

*Et pour moy payez le conte-
nu de l'autre-
part à l'ordre
du Sieur Tho-
mas, pour va-
leur reçuë com-
ptant dudit Sr.
A Paris ce 10.
Mars 1688.
Sebastien.*

Avant l'écheance tous ces Debiteurs; sçavoir.

Barthelemy, Tireur.	Ont tous failly à leurs Crean-
Jacques, Accepteur.	ciers, avec lesquels ils ont passé
Sebastien, Metteur d'ordre.	des contracts séparément, avec
	établissement des Directeurs dans
	chaque faillite.

Thomas a fait faifir les effets de chacun defdits Tireur, Accepteur & Metteur d'ordre. Les Directeurs des Creanciers de Barthelemy Tireur ont fait affigner Thomas à Amfter-dam pour l'homologation de leur con-tract, & voir dire qu'il feroit tenu de donner main-levée de fa faifie, confentir les termes & remifes por-tez par ledit contract, & reftituer ou rapporter la Lettre de change, afin de parvenir à une contribution.

Les Directeurs des Creanciers de Jacques Accepteur, ont fait affigner Thomas aux Confuls de Roüen, pour confentir de même l'homologation de leur contract.

Et les Directeurs des Creanciers de Sebaftien, Metteur d'ordre, ont pa-reillement fait affigner Thomas au Parlement de Paris, pour l'homologa-tion de leur contract, & ont pris les mêmes conclufions que les precedens Directeurs.

Sur la demande des Directeurs de Barthelemy, Tireur, Thomas a dé-fendu qu'il n'étoit point obligé d'en-trer dans le contract; parce qu'ayant

pour obligez folidaires tant ledit Barthelemy, Tireur, que Jacques, Accepteur, & Sebaftien, Endoffeur ; on
ne le pouvoit point contraindre à
confentir purement & fimplement des
remifes & des termes, n'entendant
point divifer fes Debiteurs, ny fe départir des actions qu'il a contre eux
tous folidairement, par le moyen defquelles il a la faculté de prendre dans
tous leurs effets jufques à la concurrence de ce qui luy eft dû en principal, interêts, frais & dépens, même
des dommages & interêts qui luy fons
dûs, faute d'avoir été payé dans le
temps de la Lettre de change.

Et en même-temps il a fommé &
dénoncé aux Directeurs des Creanciers de Jacques & Sebaftien les pourfuites contre luy faites par ceux de
Barthelemy, afin qu'ils veillent à leurs
interêts, & à le faire payer entierement & folidairement de fon dû.

Les Directeurs au contraire ont
foûtenu que Thomas devoit entrer
dans leur contract, & qu'il n'avoit
pas la liberté d'agir folidairement
contre lefdits Tireur, Accepteur &

Endoſſeur ; mais qu'il devoit opter
ſeulement des deux premiers, l'un
d'eux ſans ſolidité; c'eſt-à-dire, d'entrer dans l'un des trois contracts dont
il vient d'être parlé.

Delà ſe forme une queſtion, de ſçavoir ſi Thomas peut entrer dans ces
trois directions, par reſpect au Tireur, Accepteur & Endoſſeur, qu'il
dit luy être tous obligez.

*Les raiſons ſur leſquelles les Directeurs des
creanciers ſe f ndent, conſiſtent en pluſieurs propoſitions,*

Dont la premiere eſt : Que l'a-
ction de Thomas, Porteur de la
Lettre de change, ſoit contre le
Tireur, ſoit contre l'Accepteur,
ſoit contre l'Endoſſeur, n'eſt pas ſolidaire, ny par l'Ordonnance, ny par
l'uſage, ny par la raiſon : Qu'il n'y a
point d'obligation ſolidaire du Tireur, du Donneur d'ordre, & de l'Accepteur ; que la preuve en eſt, en ce
que la Lettre de change revenant à
proteſt, le Porteur exerce ſa garantie
contre celuy qui a paſſé la Lettre de
change à ſon profit ; que s'il y a plu-

fieurs ordres fur la Lettre de change, ce n'eft qu'en exerçant les droits
de fon Endoffeur, & ainfi de fuite,
qu'il remonte jufques au Tireur; que
les articles 11. 12. 13.15. 16. & 17. du
titre des Lettres de change de l'Edit
de commerce le décident; que fi ces
articles permettent de faifir les effets
des Tireurs, des Endoffeurs & des
Accepteurs, auffi-bien que de les
pourfuivre, foit comme Debiteurs
principaux, foit en garantie pour le
tout. Ils ne peuvent pas avoir d'application en ce fait; mais feulement
quand le Debiteur, l'Accepteur &
le Donneur d'ordre exiftent dans le
commerce; qu'ils n'ont point fait faillite, & qu'ils font tous en état de
payer; que puifqu'il n'y a que des fimples garanties les uns envers les autres, & non de folidité. Il ne faut
pas en agir comme fi le Tireur, le
Donneur d'ordre & l'Accepteur é-
toient obligez d'une obligation folidaire, un feul & pour le tout, fans
dlvifion ny difcuffion, & que l'on ne
peut agir que par l'action en garantie des uns envers les autres fucceffivement.

La seconde proposition de ces Directeurs de Creanciers est, qu'il faut preferer le bien general au bien d'un particulier; que s'il étoit permis au Porteur de saisir dans chaque faillite, il arrêteroit des effets le triple de sa dette, ce qui seroit d'un extrême préjudice à la generalité des Creanciers.

La troisième proposition desdits Directeurs est, que c'est une maxime que la condition de tous les creanciers Chirographaires doit être égale; que le Porteur d'une Lettre de change ne seroit pas d'égale condition aux autres Creanciers, s'il entroit dans chaque contribution.

La quatrième proposition desdits Directeurs est, qu'un Porteur de Lettre de change, signant les contracts, du Donneur d'ordre, de l'Accepteur & du Tireur, commet plusieurs abus qu'il ne faut pas souffrir.

EXEMPLE.

Le Porteur a signé le contract du Donneur d'ordre à la moitié de re-

mife, & terme pour payer l'autre
moitié, comme Créancier de 12. mille
livres, total de la Lettre ; deux mois
aprês fur la procuration du même
Porteur, le contract d'accord du Tireur eft encore figné comme Creancier de douze mille livrés, total de la
Lettre de change à pareille remife de
moitié.

Enfin, deux mois aprês fur une pareille procuration du Porteur, le contract d'accord de l'Accepteur eft encore figné comme Créancier de douze mille livres, total de la Lettre de
change à pareille remife de moitié.

Le Donneur d'ordre prétendant
que la fignature que le Porteur a faite de fon contract, comme Creancier
de douze mille livres, total de la Lettre de change fans referve ; eft une
retroceffion par laquelle il eft entré
en tous les mêmes droits qu'il avoit
en cette Lettre de change avant fon
ordre, a voulu les exercer, & figner
le contract d'accord de l'Accepteur.
& le contract du Tireur ; ce que ny
l'Accepteur, ny le Tireur n'ont pas
voulu fouffrir, foûtenant que le Porteur

teur ayant tous les droits de ce Donneur d'ordre par fon ordre, ils n'ont
pû connoître que luy qui a confommé
la chofe, & qu'ils ne peuvent pas être
Debiteurs deux fois d'une même Lettre de change. L'Accepteur qui n'a
point reçu de fonds (. qu'on appelle
dans le negoce provifion) pour payer
cette Lettre, & qui n'eft pas Debiteur du Tireur devant être garanty
de fon acceptation, qui l'a obligé de
recevoir le Porteur dans fon contract
d'accord, & luy a acquis les droits de
la Lettre de change contre le Tireur,
a prétendu figner le contract d'accord du Tireur; ce qui luy a été re-
fufé par la raifon precedente, que
non feulement le Tireur; mais même
luy Accepteur a employée, d'où il
s'enfuit qu'il eft obligé de la fuivre.

De ce fait l'on remarque plufieurs abus.

Le premier, que le Porteur recevant trois fois la moitié de 12000 livres par les trois contracts d'accord
qu'il a fignez, il recevroit 18000 livres, quoi-qu'il ne foit Porteur que

O

d'une Lettre de change de 12000 livres.

Le second, que la remise que ce Porteur a faite au Donneur d'ordre & à l'Accepteur, ne leur produit aucun effet, si ce Porteur pouvoit entrer dans tous les contracts pour la somme entiere, parce que chaque Debiteur ne pouvant être obligé qu'une fois à la somme entiere, dês lors que le Porteur auroit traitté pour cette somme entiere, le Donneur d'ordre & l'Accepteur en seroient exclus.

Le troisiéme, que ce seroit admettre autant de stelionnats, que le Porteur fait par les signatures posterieures à celle du contract du Donneur d'ordre, si l'on souffroit qu'elles fussent reçuës.

La cinquiéme proposition desdits Directeurs est de dire que la raison qui decide la necessité au Porteur d'opter un seul des Debiteurs à son choix, resulte de ce que comme le Porteur ne peut agir contre le Donneur d'ordre qu'en garantie, & à la charge de retroceder la Lettre, il s'ensuit qu'il ne peut pas signer le

contract d'accord de l'Accepteur,
qui devient obligé du Donneur d'ordre, fans le confentement & au préjudice du Donneur d'ordre ; & de
même il ne peut figner le contract du
Tireur fans le confentement du Donneur d'ordre & de l'Accepteur, qui
ont leur recours de garantie contre
le Tireur ; que fi le Porteur le fait,
il fe rend non-recevable envers ce
Donneur d'ordre & cet Accepteur ;
& par confequent il eft vray de dire
qu'il n'a que la faculté d'opter, lequel des trois contracts il veut figner,
puifque d'un côté il faut qu'il retro-
cede, & d'autre côté il fe rend non-
recevable.

La fixiéme propofition defdits Directeurs des Creanciers, des Tireur,
Accepteur & Donneur d'ordre faillis
eft, que cette neceffité d'opter par le
Porteur, un feul des trois pour fon
Debiteur, eft d'un ufage étably non
feulement en France ; mais encore en
Angleterre, en Flandre, en Hollande, & que l'ufage doit être obfervé
comme une Loy.

La feptiéme propofition eft qu'il y

a eu plusieurs Sentences & Arrests,
qui ont jugé que le Porteur n'avoit
que l'option de l'un des Debiteurs
de la Lettre de change ; que ces Arrests ont la même autorité que la
Loy.

De la part de Thomas Porteur de
la Lettre de change , l'on pretend
que tous ces moyens des differens
creanciers du Tireur, de l'Accepteur,
& de l'endosseur ne peuvent pas être
considerez ; ce qu'il est facile de faire voir , en répondant à chacune de
leurs propositions.

Pour la premiere, qui concerne l'a-
ction du Porteur contre le Tireur ,
l'Accepteur & le Donneur d'ordre.
Pour juger si elle est solidaire, où si
elle ne l'est pas , il faut avant toutes choses sçavoir ce que l'on entend
par ces termes (action solidaire) &
ensuite l'on verra aisément que l'a-
ction dont il s'agit a les propriétez
d'une action solidaire.

On entend par les termes d'action
solidaire le droit de poursuivre chacun de plusieurs obligez à une seule
dette, pour le payement de la totali-

té de la dette ; enforte que toute la dette étant payée , foit par un feul , foit par plufieurs, chacun des Debiteurs foit liberé ; & tant que toute la dette n'eft pas payée , aucun des Debiteurs n'eft liberé.

Il y a de deux natures d'actions folidaires.

L'une, dont la folidité eft reftrainte au profit du Creancier feul ; & à l'égard des obligez, elle eft divifible entre-eux, à moins qu'il n'y ait des actes par lefquels quelques-uns des obligez reconnoiffent que c'eft leur fait, & s'obligent de garantir les autres.

L'autre nature, dont la folidité eft radicale, & fe conferve entre les obligez des uns aux autres, en remontant par la generation de l'obligation.

Telle eft l'action qui vient d'une traitte de Lettre de change, d'une acceptation & de l'ordre d'une Lettre de change, de même qu'une conftitution de rente, de la vente que fait de cette rente celuy au profit de qui elle a été conftituée, & ainfi de fuite.

des reventes qui s'en font, parce que
le dernier des Ceffionnaires peut agir
non feulement contre celuy qui luy a
immediatement cedé ; mais encore en
exerçant les droits dudit cedant immediat, & ainfi en remontant, il peut
fe pourvoir contre les autres cedans,
& contre le Debiteur folidairement.
Il en eft de même d'une obligation
du tranfport que fait le Creancier de
cette obligation, de l'acceptation que
fait de ce tranfport le Debiteur cedé.
La difference qu'il y a entre ces fortes de tranfports & les Lettres de
change eft, que dans tout ce qui
eft des Lettres de change, de droit,
la garantie eft de fournir & faire valoir, & d'être tenu non feulement de
la folvabilité de l'Accepteur lors de la
traitte de la Lettre de change, ou du
refus d'acceptation ; mais à toûjours,
pourvû que les diligences foient faites dans les temps reglez ; au lieu que
pour les rentes, obligations & autres
natures d'affaires, l'étenduë de la
garantie dépend des termes des diverfes ftipulations qui peuvent être
imaginez par les Contractans ; ce qui

n'arrive pas dans les Lettres de change, qui étant toutes de la maniere de
celle dont il s'agit, dans leurs trait-
tes, acceptations & endoſſemens, ne
ſouffrent point de ſtipulations étrangeres & libertines, parce que la garantie y eſt toûjours uniforme.

Ce fondement poſé, il s'enſuit que
l'action ſolidaire en matiere de Lettre de change, eſt établie par l'Ordonnance, par l'uſage, & par la raiſon contre le Tireur, l'Accepteur &
l'Endoſſeur : Par l'Ordonnance, pour
en être convaincu, il n'y a qu'à lire
l'art. 11. du tit. 5. de l'Edit de commerce, qui porte qu'après le proteſt
celuy qui aura accepté la Lettre de
change, pourra être pourſuivy à la
requeſte du Porteur. L'article 12. permet au Porteur de ſaiſir les effets des
Tireurs & Endoſſeurs. L'article 13.
paſſe plus avant ; car il ordonne que
les Tireurs & Endoſſeurs feront pourſuivis en garantie (ce qui ne peut
être que ſolidairement) puiſque l'a-
ction en garantie ne peut être que ſolidaire. Les autres articles ſont de
méme ; & c'eſt une erreur de dire que

O iiij

ces articles ne peuvent pas avoir
d'application dans les cas de faillite
& banqueroutte ; mais feulement
quand le Tireur, l'Accepteur & le
Donneur d'ordre exiftent dans le
commerce, qu'ils n'ont point fait faillite , & qu'ils font tous en état de
payer : car non feulement les difpofitions de ces articles font generales
fans diftinction d'état des Tireurs,
des Accepteurs, & des Donneurs d'ordre ; & qu'ainfi, felon la maxime in-
violable, lorfque la Loy ne diftingue
pas, il n'eft pas permis de diftinguer;
mais encore les faillites du Tireur,
de l'Accepteur, & du Donneur d'ordre ne peuvent pas changer l'état &
la nature de la Lettre de change; &
des actions qu'elle produit ; de maniere qu'il doit paffer pour conftant
que l'action folidaire du Porteur contre le Tireur, l'Accepteur & le Donneur d'ordre , eft conforme à l'Edit
de commerce.

Elle eft de même conforme à l'ufage , parce qu'elle procede de la qualité de l'obligation de tous les Debiteurs. Et la preuve en eft , en ce que

les Creanciers des Debiteurs faillis
conviennent qu'en cas de proteft, le
Porteur revient en garantie fur le
Donneur d'ordre, à fon profit ; & s'il
y a plufieurs ordres, il remonte tant
contre les autres Donneurs d'ordres,
que contre le Tireur & l'Accepteur ;
que fi l'on dit que ce n'eft qu'en exerçant les droits de fon Donneur d'ordre, & ainfi de fuite : bien loin que
cela détruife la folidité de l'action,
au contraire cela la démontre, parce
que d'un côté cela ne divife pas l'a-
ction ; car le Porteur en remontant
demande le total de ce qui eft dû de
la Lettre de change, & d'autre côté
en exerçant les droits de fon Donneur d'ordre. Ce n'eft pas au nom de
fonDonneur d'ordre, ni en s'excluant
d'agir contre luy ; mais c'eft comme
ayant la proprieté de fes droits en
fon propre nom, & comme ayant un
recours pour la garantie formelle
qu'il peut exercer contre fon Donneur d'ordre, quand bon luy femble,
fans être obligé à aucune difcuffion.

Enfin l'action folidaire eft de raifon, puifqu'il eft raifonnable que le

Tireur fasse valoir entierement la
Lettre de change dont il a reçu la valeur, avec les dommages & interêts,
nonobstant que d'autres que luy y
soient obligez ; à quoy il peut être
contraint par l'action solidaire. Il
est juste aussi que le Donneur d'ordre
fasse valoir entierement la Lettre de
change qu'il a venduë, de la bonté
de laquelle il est responsable jusqu'à
l'actuel payement, nonobstant encore que d'autres que luy y soient obligez ; à quoy il peut être contraint par
la même raison solidaire : Et enfin, il
est de raison que l'Accepteur accom-
plisse entierement l'engagement qu'il
a contracté de payer la Lettre de
change, nonobstant que d'autres que
luy y soient obligez : & quand même
il n'en seroit pas le Debiteur originaire, ce qui produit contre luy une
action solidaire ; ainsi l'action du Porteur de la Lettre de change étant solidaire contre l'Endosseur, le Tireur
& l'Accepteur, de quelque maniere
que l'on la considere, il ne peut en
être privé en aucune façon, ny contraint d'opter, & de choisir d'entrer

dans la contribution d'un seul & abandonner les autres.

A l'égard de la seconde proposition
des Directeurs des Creanciers sur la
preference à faire du bien general au
particulier, ils errent dans l'application de la maxime, & dans le fait:
Dans l'application de la maxime, parce que cette preference du general au
particulier, n'a lieu que lors du peril
d'un navire, ou des maisons; l'on jet-
te les marchandises d'un particulier,
ou l'on abat sa maison pour garantir
les autres; ou bien lorsque pour le service du public, soit en faveur de la
Religion, comme pour la construction
d'une Eglise, d'un College, l'agran-
dissement d'un Cimetiere, des ruës,
des chemins, pour les fortifications
ou autres choses de pareille nature,
l'on prend la maison d'un particulier,
où lorsque dans la disette publique
l'on oblige les Marchands de denrées
ou autres choses necessaires à la vie,
& ceux qui en font commerce, ou qui
en ont quantité, à en soulager le public à un prix limité. Mais dans le
cas de particulier à particulier, où

l'on a pris des biens de l'un de ces
particuliers, on le dédommage, & on
luy paye la valeur de ce que l'on luy
a pris ; ainſi pour faire une application de la maxime au fait d'un Porteur de Lettre de change, dont l'Accepteur, le Donneur d'ordre & le Tireur ſont faillis, & que l'on veut obliger d'opter & ſe départir de l'action
ſolidaire contre les autres pour un
prétendu bien general, il faudroit le
dédommager, puiſqu'il n'y a aucune
Loy ny aucune raiſon d'équité qui
puiſſe obliger un particulier à ſe de-
ſiſter de ſon droit en faveur d'autruy,
ſans en être indemniſé : au contraire,
tout le droit, la raiſon & l'uſage même ſont pour luy , & veulent qu'il
ſoit indemniſé ; & il n'eſt pas vray de
dire que la ſaiſie & arreſts que peut
faire ce Porteur dans toutes les contributions nuiſent aux autres Creanciers des faillis, parce que, ou c'eſt
par ſaiſie avant la contribution ; & en
ce cas, bien loin que cela puiſſe nuire
aux autres Creanciers, au contraire,
il ne peut que produire leur avantage en recherchant le ſien , puiſqu'il

eſt certain que les ſaiſies des effets du failly ſont au profit generalement de tous ſes Creanciers : ſi c'eſt lors de chaque contribution , il eſt évident que le Porteur de la Lettre de chan-ge ne peut pas recevoir plus que ce qui luy eſt dû ; parce que dês la pre-miere contribution; il eſt du devoir de celuy qui paye de faire quittancer la Lettre de change de ce qui eſt payé: & dans les autres contributions qui ſuivent , l'on voit ſucceſſivement ce qui a été payé ; & par conſequent ce qui reſte dû.

Pour ce qui eſt de la troiſiéme pro-poſition des Directeurs concernant la maxime qu'ils alleguent, que dans les faillites il faut que tous les Crean-ciers Chirographaires perdent éga-lement ; d'où ils concluent que le Por-teur d'une Lettre de change , dont l'Accepteur, le Tireur & le Donneur d'ordre ont failly , doit opter un ſeul des Debiteurs , parce qu'autrement il ne perdroit pas également : C'eſt une abſurdité ; parce qu'il eſt ſeur que les Creanciers Chirographaires, qui ont pris plus de ſeureté que les

autres en profitent ; & par conſequent
ne perdent pas tant que les autres.
Ceux qui ont pris des gages ſuivant
les Loix, les Ordonnances & les Coûtumes s'en prévalent, ſans être obligez de les communiquer aux autres
Creanciers.

. A l'égard de la quatriéme propoſition concernant les prétendus abus ,
il ne faut qu'examiner les exemples
que les Creanciers du Donneur d'ordre, de l'Accepteur & du Tireur en
ont rapporté , pour connoître d'un
côté que ces prétendus abus ne peuvent pas arriver lorſque le Porteur
d'une Lettre de change exerce ſon
action ſolidaire contre chacun des
Donneurs d'ordre , Accepteur & Tireur, par les voyes judiciaires , parce
que chacun agit de rigueur & avec
défiance ; & d'autre côté , que les abus
que l'on a articulé ne procedent que
du peu de conduite des parties ; parce que le Donneur d'ordre pretendant que le Porteur de la Lettre de
change, en ſignant ſon contract d'accord, luy en aye fait une retroceſſion:
il devoit ſe faire remettre la Lettre

de change, ne pouvant pas dans les regles les plus communes exercer aucun droit d'une Lettre de change, fans reprefenter le titre, qui eft effentiellement la Lettre de change. D'ailleurs le Porteur de la Lettre de change, pour ôter toute pretention de la retroceffion, s'il n'avoit pas intention d'en faire une, auroit dû en fignant le contract du Donneur d'ordre, referver par exprês les actions competentes contre le Tireur & contre l'Accepteur, & enfuite de même dans le contract de l'Accepteur. L'on voit donc que les pretendus abus propofez ne procedent pas de la nature de l'action folidaire du Porteur de la Lettre de change contre le Donneur d'ordre, l'Accepteur & le Tireur; mais de la pure faute & negligence des Parties : & que dans le fait qui a été rapporté; fi dans les contracts d'accords le Porteur fe fut obligé avec les referves qui fe pratiquent dans l'ordre judiciaire: Et fi le Donneur d'ordre, l'Accepteur & le Tireur avoient chacun pratiqué les précautions de l'ordre judiciaire; encore re que le Porteur les eût pourſuivis chacun pour le tout ; & ſuivant la propoſition dont il s'agit il n'y auroit aucun abus, il n'auroit pas reçu dix-huit mille livres au lieu de douze, qui eſt le premier abus allegué, par-ce qu'au premier payement il auroit quittance la Lettre de change de ce qu'il auroit reçu : & au ſecond, il n'au-roit reçu que comme Creancier du reſtant, & non du total ; & quittan-çant encore, il n'auroit pû recevoir au dernier que comme Creancier de dernier reſte ; & par conſequent bien loin de recevoir dix-huit mille livres, il n'auroit pû recevoir que dix mille cinq cens livres.

A l'égard du ſecond abus, pourvû que l'on le conſidere, il ne ſubſiſte pas ; parce que ſi le Porteur a reçu premierement du Donneur d'ordre, avant que de recevoir de l'Accepteur & du Tireur, le Donneur d'ordre au-roit pû & dû ſtipuler, & prendre ſes meſures pour la reſtitution de ce qu'il auroit payé, en ce qu'il auroit la moi-tié de ce qui auroit dû reſter des 12 mille livres, déduction faite de ce qui

auroit

auroit été payé par l'Accepteur &
par le Tireur, & l'Accepteur de même; & par ce moyen chacun des Debiteurs auroit profité de la remise;
car le Tireur en auroit profité des six
mille livres, parce qu'il n'auroit payé
que six mille livres, qui est la moitié
des douze mille livres de la Lettre de
change; l'Accepteur en auroit profité de neuf mille livres, parce que la
Lettre de change n'étant en reste que
de six mille livres, il n'auroit été payé
que trois mille livres, qui est la moitié. Voilà l'effet de sa garantie contre le Tireur, qui est six mille liv.
& le profit des trois mille livres pour
la remise qui luy auroit été faite, &
le Donneur d'ordre en auroit aussi
profité de dix mille cinq cens livres,
parce que la Lettre n'étant en reste
que de trois mille livres, au moyen
du payement de six mille livres par le
Tireur, & de celuy de trois mille liv.
par l'Accepteur; & par consequent ne
payant que la moitié, ce n'est que
quinze cens livres, ainsi il auroit profité de dix mille cinq cens livres; sçavoir, neuf mille livres à cause des

P

deux garanties, & quinze cens livres pour la remife qui luy auroit été faite ; de maniere que le fecond abus ne fe trouve non plus que le premier dans l'action folidaire.

Le troifiéme abus, qui eft le ftelionnat, s'y rencontre encore moins, parce qu'on voit que le ftelionnat ne pourroit venir que de la mauvaife foy du Porteur, de même que dans tous les autres contracts où il s'en commet ; & comme on troubleroit toute la vie civile fi l'on vouloit fuprimer la pratique de tous les contracts d'achapts & ventes, de prefts avec hypotecques, de conftitutions de rentes, à caufe qu'il s'y commet des ftelionnats ; auffi dans le commerce l'on choqueroit vifiblement la Juftice fi l'on ôtoit l'action folidaire à tous les Porteurs de Lettre de change, en cas de faillite de tous les Debiteurs, parce qu'il y a eu un Porteur de Lettre de change qui a commis un ftelionnat ; ce qui feroit un veritable abus nuifible au public & aux particuliers.

Outre cet abus il y en auroit

encore un autre tout visible ; si
on vouloit contraindre le Porteur
d'une Lettre de change à l'option du
Donneur d'ordre, de l'Accepteur ou
du Tireur, parce que cette contrainte exposeroit le Porteur à des pertes
& des injustices inévitables ; car il
n'est pas toûjours vray que le Donneur d'ordre, l'Accepteur & le Tireur d'une Lettre de change ayans
tous failly , ils traittent tous à la moitié de remise, comme dans l'espece
cy-dessus, ny que ce soit pour un même terme & avec les mêmes seuretez,
souvent l'on voit que l'un traitte des
années avant les autres, que l'un traitte à un quart de remise , un autre à
un tiers, un autre à la moitié, un autre aux deux tiers , & même l'on en
voit qui traittent à payer le tout dans
un terme fort long. Les uns ne donnent point de seureté , les autres ne
donnent que l'obligation de leurs
femmes , & les autres en donnent de
tres-solvables ; les uns à l'ouverture
de leur faillite paroissent ne devoir
faire perdre que peu de choses , d'autres qu'il n'y a rien à esperer ; les au-

tres dont la fuite découvre des effets
divertis & cachez, ont un événement
plus favorable que l'on ne croit ; &
d'autres par une feconde banqueroutte rendent leur contract illufoire.

Suppofé que les apparences foient
douteufes dans la faillite du Donneur d'ordre, qu'elles paroiffent em-
baraffées dans la faillite de l'Accepteur, & defefperées dans celle du
Tireur, fuppofé encore que le Donneur d'ordre traitte d'abord avec fes
Creanciers à payer au quart dans
deux ans de terme; que le Porteur
de la Lettre de change opte d'entrer
au contract du Donneur d'ordre ; que
cependant peu après l'embarras de
l'Accepteur fe diffipe, & qu'il traitte au tiers payable par moitié dans
deux ans ; que le Donneur d'ordre
entre dans ce contract : & enfin que
par la découverte des effets du Tireur divertis & faifis, il foit obligé à
traitter à la moitié payable dans un
an. A l'écheance de la feconde année, après avoir reçu par adreffe en
rencontre d'affaire le dernier payement du tiers de l'Accepteur ; & a-

vant que d'avoir payé au Porteur de
la Lettre de change le dernier payement de son quart, fasse une seconde
faillite dont il ne se retire rien. Tous
ces faits supposez veritables, comme
l'on voit tres-souvent des banquerouttes semblables. Il s'enfuivroit
que si le Porteur étoit obligé d'opter, il souffriroit deux injustices qu'il
ne pourroit ny prévoir ny parer.

L'une est en ce que quand même le
Donneur d'ordre auroit été de bonne foy, comme il n'auroit payé que
le quart en deux ans, & auroit reçu
le tiers dans le même temps, l'option
feroit gagner au Donneur d'ordre
un douziéme, & à l'Accepteur un
sixiéme, dans une affaire où elle feroit perdre au Porteur les trois quarts.

L'autre injustice est, que cette option raviroit au Porteur les seuretez
qui luy sont acquises par la Lettre de
change, en l'obligeant d'en faire une
retrocession à celuy qu'il opteroit,
pour l'exposer à une seconde banqueroutte.

Puis donc qu'il n'y a point d'abus

dans ce que fait le Porteur de Lettre
de change qui exerce l'action folidaire contre le Donneur d'ordre,
l'Accepteur & le Tireur; que les prétendus abus du Porteur de Lettre de
change qui entrent dans les contracts
d'accord, du Donneur d'ordre, de
l'Accepteur & du Tireur en vertu de
la folidité, peuvent être prévûs &
& parez, & que les abus qui viennent de la neceffité d'opter, à laquelle on veut obliger le Porteur d'une
Lettre de change ne peuvent être
prévûs ny parez. La raifon veut que
l'on maintienne le droit d'exercer
l'action folidaire, & que l'on fuprime
l'idée que l'on veut faire paffer pour
ufage d'obliger le Porteur d'opter.

La cinquiéme propofition des directeurs qui difent, que, parce que
le Porteur de la Lettre de change ne
peut agir contre le Donneur d'ordre
qu'en garantie, & à la charge de retroceder la Lettre de change, n'eft
pas univerfellement vraye; de même
qu'encore qu'il foit vray que le Porteur de la Lettre de change ne puiffe pas figner le contract de l'Acce-

pteur, du Tireur, & même d'un Donneur d'ordre anterieur, fans le confentement du Donneur d'ordre pofterieur, à peine d'être non-recevable
à fon recours contre ce pofterieur. Il
n'eft pas vray que par cette maxime le
Porteur foit obligé d'opter ; car d'u-
ne-part il faut remarquer que toute
perfonne qui agit en garantie n'eft pas
obligé de ceder au garant les autres
feuretez qu'il a de la dette, que lorfque le garant qu'il a, le fatisfait entierement ; de même fi un Creancier
outre le garant de la creance a encore des gages, il n'eft pas obligé de
ceder au garant fes gages, quand il
ne luy paye qu'une partie ; d'autre
côté, il n'y a point de confequence
à tirer de la neceffité du confentement du Donneur d'ordre au Porteur pour figner les contracts de l'Accepteur & du Tireur, pour induire une
neceffité au Porteur d'opter, parce
que c'eft la compofition & la diminution des droits du Donneur d'ordre,
qui fe fait par la fignature des contracts qui produit cette neceffité, le
Porteur ne pouvant retourner con-

tre le Donneur d'ordre posterieur,
que les droits de la Lettre de change
ne soient entiers, & en état d'être
retrocedez sans alteration, si ce Donneur d'ordre est prêt de le satisfaire
entierement; ce qui fait que le Porteur
de la Lettre de change ayant signé
quelque contract de l'Accepteur du
Tireur ou du Donneur d'ordre anterieur, de sa pure autorité, il s'est
mis dans l'impuissance de retourner
contre le Donneur d'ordre posterieur, & l'a tacitement déchargé &
opté à son égard ; mais tant que le
Porteur de la Lettre de change ne
fait rien contre l'Accepteur le Tireur, le Donneur d'ordre anterieur
qui ne soit dénoncé au Donneur d'ordre posterieur, avec sommation de
poursuivre & faire mieux, qu'il ne
reçoit qu'avec protestation en presence du Donneur d'ordre posterieur, où duëment appellé, il poursuit les droits du Donneur d'ordre
posterieur dans toute l'étenduë dont
ils sont capables : Il ne les diminuë
point, il n'a tenu qu'audit Donneur
d'ordre de les faire mieux valoir s'il

pouvoit , pour lors le Porteur de la
Lettre de change ne l'a point déchargé , & n'a rien fait qui le reduife
dans une option.

. Pour ce qui eft de la fixiéme propofition fondée fur le pretendu ufage dont les Directeurs fe fervent, en
fuppofant que c'eft une neceffité au
Porteur d'une Lettre de change proteftée, lorfque l'Accepteur , le Tireur & le Donneur d'ordre font tous
faillis , d'en opter un feul fans pouvoir exercer fon recours, il ne doit
être d'aucune confideration.

Primò, Parce que c'eft une queftion
de fait, fi cet ufage eft conftant, ou
peut être prouvé ; car comme c'eft
affez rarement qu'il arrive que l'Accepteur , le Tireur & le Donneur
d'ordre faffent tous faillite en même-
temps , que l'on ne trouve pas de
faits femblables où le Porteur ait été
obligé d'opter , fans avoir auparavant figné purement & fans referve
aucun contract de l'un d'eux : Que
pas un Arreftographe ne rapporte de
Jugement rendu fur pareil fait , par
les circonftances duquel l'on puiffe

juger s'il peut prouver un usage, &
que depuis l'abrogation des Enquêtes
par Turbes, il est impossible de faire la preuve d'un usage par témoins, si
celuy dont il s'agit n'est pas reconnu,
ne se trouvant pas qu'il ne paroît pas
par aucun titre autentique, la preuve en est presque impossible, & sans
preuve on ne peut l'admettre.

Secundò, Parce que supposé que cet
usage soit constant, c'est encore une
question de sçavoir si cet usage est
fondé en raison, ou s'il y repugne ;
il est clairement prouvé par tout ce
qui a été remarqué cy-dessus, que ce
pretendu usage n'est point fondé en
raison, puisque tous les moyens proposez pour l'établir, ou sont mal établis, ou ne sont pas raisonnables, &
qu'au contraire il resiste absolument
à la raison, par l'opposition qu'il a
avec l'équité, & par les abus qu'il
introduiroit, comme étans impossi-
bles à prévoir & à éviter.

Tertiò, Parce que cet usage n'étant
pas fondé en équité ny en raison,
quelque universel qu'il soit, & quelque ancien que l'on le pretende, il

doit être aboly dans tous les endroits
où l'on a de la confideration pour la
Juftice ; car fi les Loix veulent que
l'on ait des égards pour les ufages &
les coûtumes, elles veulent pourtant
que ce ne foit qu'entant que ces ufages & ces coûtumes font conformes à
la droite raifon ; mais fi ces ufages
font contraires à la raifon ou aux
Loix, elles ne veulent pas que l'on les
obferve ny que l'on s'y conforme.

La feptiéme propofition des Directeurs touchant les prétendus préjugez ne meritent prefque pas de réponfe, parce qu'on fçait que les Sentences & Arrefts que l'on pretend
avoir jugé la queftion dont il s'agit,
& avoir autorité de Loy , & dont il
n'en paroît aucun dans le public, fuppofé qu'il y en ait , ne doivent avoir
aucun credit : Il n'y a que les Arrefts
qui portent claufe d'être lûs , publiez & enregiftrez dans les Greffes,
& qui l'ont été , qui puiffent fervir
de Loy ; tous les autres Arrefts rendus fimplement entre particuliers
font de fort peu de confideration, à
l'égard de ceux qui n'y ont pas été

-parties, parce que c'eſt une maxime
de droit que la choſe jugée ne peut
nuire à ceux qui n'y ont pas été parties, par la raiſon que bien ſouvent
il y a plus du fait des Parties, que de
celuy des Juges; ſoit par leur dol,
leur ſurpriſe, leur precipitation,
leurs propres actes, le défaut d'explication de leurs droits; ce qui fait
que bien ſouvent les queſtions ſont
jugées ſans être bien entenduës, &
même ſans être bien relevées; c'eſt
pourquoy ſuivant la maxime de Droit
il faut juger par les Loix, & non
pas par les exemples, ſingulierement
quand ils ne ſont pas conformes aux
Loix, comme ſeroient ceux par leſquels le Porteur d'une Lettre de
change, dont l'Accepteur, le Tireur
& le Donneur d'ordre ſont faillis,
auroit été obligé d'opter l'un d'eux
pour la pourſuite de ſon payement,
& abandonner les autres.

Sur toutes ces raiſons de part &
d'autre, l'on demande au Conſeil une
reſolution certaine ſur la queſtion generale de ſçavoir ſi le Porteur d'une
Lettre de change eſt obligé d'opter

l'un des trois, ou du Tireur, ou de l'Accepteur, ou de l'Endoſſeur, & qui décide auſſi ſur chacune des propoſitions & réponſes reſpectives.

LE CONSEIL SOUSSIGNE' qui a vû le Memoire cy deſſus, préſuppoſant le fait dans les circonſtances rapportées, eſt d'avis : Premierement, que Thomas Porteur de la Lettre de change de quatre mille écus tirée par Barthelemy d'Amſterdam ſur Jacques de Roüen, payable à Sebaſtien de Paris, qui a mis ſon ordre au profit dudit Thomas, & proteſtée faute de payement, a droit d'entrer dans les contributions à faire entre les Creanciers de Barthelemy, de Jacques, & de Sebaſtien de leurs effets, tant pour le principal que pour les dommages & interêts cauſez par le proteſt, ſans en pouvoir être empêché par les autres Creanciers, ny refuſé par aucun des debiteurs, ny obligé d'opter, & choiſir l'un d'eux ſeulement, & de ſe départir de ſon action contre les autres, pourvû que ledit Thomas ait fait le proteſt & les pourſuites en garantie dans les temps déterminez con-

tre chacun des debiteurs, & qu'il
n'ait fait aucun accord ou acte préju-
diciable à ses droits, qui d'eux-mêmes subsistent dans toute leur étenduë, nonobstant les faillites de ces
trois debiteurs.

Les raisons sont.

Primò, Que tout Tireur de Lettre
de change est obligé à la garantie jusqu'à l'actuel payement de toute la
Lettre de change, dommages & interêts, quoi-qu'elle ait été acceptée.
Rota Genuensis decis. prima num. 6. per L.
23. Cod. de solutionibus, & num. 21. &
num. 38. decis. 2. num. 10. num. 11. &
num. 41. decis. 4. num. 7. decis. 8. num.
18. & 19. Scaccia de commerciis & Cam-
bio, §. 2 Glossa 5. quæstione 10. num. 322.
où il cite plusieurs decisions de la Rote de Rome, & finalement l'Edit de
Reglement du commerce du mois de
Mars 1673. titre des Lettres de change, article 12. & 13.
Secundò, Que l'Accepteur de la Lettre de change est obligé directement
par l'engagement volontaire qu'il a

contracté par son acceptation au payement de toute la Lettre de change, que le protest causé par son refus du payement, quand même ce seroit pour n'avoir pas reçu le fonds promis pour le payer (que l'on appelle communément provision) ne le décharge point. *L. 1. Cod. de constitua pecunia. Scaccia loco cit. num. 327.* au contraire, ce refus qui a donné lieu au protest augmente son obligation pour lesdits dommages & interêts. *Rota Genuens. decis. 104. num. 9.* Et même l'Edit du commerce au même titre article 11. permet de poursuivre l'Accepteur; consequence necessaire qu'il est debiteur indispensable.

Tertiò, Que tous les Metteurs d'ordre sont obligez à la garantie de la Lettre de change, parce que leur ordre est une espece de mandement à l'Accepteur, & de cession & remise au Porteur. *Mandato non impleto, cum petitio debiti maneat integra, nihil legitimam exactionem impedire potest. L. 23. Cod. de solutionibus:* Et la Rote de Gennes employe cette Loy pour conclure, *Debitores non erant liberati licet remissum fe-*

cerint, quia ita demum sunt ab obligatione dissoluti, si Littera eff. ctum habuerit, decis. 2. num. 10. Et l'Edit de commerce aux articles cy-dessus, particulierement à l'article 13. statuë que les Endosseurs seront poursuivis en garantie. Il a même été jugé que quand les Metteurs d'ordre ne l'auroient fait que par commission , & sans avoir jamais eu aucune proprieté en la Lettre de change ; neanmoins ils étoient garants, à cause de leur signature & de l'ordre mis en leur rang , par Arrest du 21. Avril 1676. entre les Sieurs Rolland & Gasparini Porteurs de la Lettre de change protestée faute de payement , & les Sieurs Riggioly Metteurs d'ordre, les nommez Sollicoffres Tireurs, & Jean Froment Accepteur étans faillis.

Quartò, Quoi-que l'obligation de chacun des Debiteurs au total de la dette soit ce qui decide la question, & que le nom solidaire soit indifferent au fond de la question, pourvû que l'action puisse être exercée jusqu'au payement entier du total de la Lettre de change, dommages & interêts,

rêts, ainsi qu'il a été prouvé : Il est
neanmoins bon d'observer que le nom
de solidaire n'a jamais été refusé à
l'action que le Porteur d'une Lettre
de change protestée faute de payement, a droit d'exercer, & a l'obli-
-gation du Tireur avec l'Accepteur.
*Scribens Litteras cambii tenetur in solidum
cum eo cui sunt scripta, etiam post acceptationem. Rota Genuens. decis. 2. num. 41.*
par la raison que *solidum est quod omnibus suis partibus constat, cui nihil est dé-
tractum ;* ce qui est la juste definition
du mot, total. Ce que l'on objecte
pour prouver qu'il n'y a point d'obligation solidaire est, qu'en cas de protest faute de payement, le Porteur
revient contre celuy qui a passé l'ordre à son profit ; & que ce n'est qu'en
exerçant les droits de ce Metteur
d'ordre qu'il remonte contre les autres obligez, bien loin de détruire la
solidité, ne peut servir qu'à la plus
clairement démontrer ; car d'un côté
le Porteur en commençant ses poursuites contre un seul, forme ses con-
clusions à ce que celuy qu'il poursuit
soit condamné au payement du total,

Q

avec dommages & interêts ; ce qui
prouve que l'action eft folidaire, parce que fi l'action n'étoit pas folidaire,
il ne pourroit pas prendre des conclufions au payement du total, avec dommages & interêts , qui eft toute l'é-
tendue de l'action folidaire, les conclufions ne pouvant pas avoir plus
d'étenduë que l'action ; d'autre côté
la Lettre de change acceptée étant
proteftée faute de payement , c'eft
l'Accepteur qui a la qualité de Debiteur, & le Porteur commençant fes
pourfuites contre celuy qui a mis fon
ordre, qui n'eft que garant, il agit en
la maniere que l'on fait quand les obligez le font folidairement ; que l'on
n'eft pas tenu de difcuter les Debiteurs les premiers , que l'on attaque
celuy des obligez que l'on veut avec
la faculté de revenir contre les autres , fuivant les Loix 23. & 28. *Cod.*
de fidejuff. & fi quand le Porteur remonte contre les autres Donneur
d'ordre, Tireur & Accepteur, il exerce les droits de celuy qui a mis l'ordre en fa faveur : ce n'eft pas au nom
de ce dernier Donneur d'ordre ; mais

c'eſt en ſon nom de Porteur, & comme en ayant la pleine propriété; ce
qui eſt confirmé par l'article 15. du
même titre de l'Edit de commerce, en
ce qu'il prononce la fin de non-recevoir de l'action en garantie par les
Tireurs & Endoſſeurs, contre le Porteur, en cas de negligence, qui eſt
une conſequence dont il faut que la
qualité de proprietaire des droits de
la Lettre de change ſoit l'antecedent;
d'où il s'enſuit que bien loin que l'on
puiſſe détruire l'action ſolidaire de ce
que le Porteur remonte, c'eſt une conſideration qui la confirme; & les articles 11. 12. 13. 15. 16. & 17. du même
titre des Lettres de change, ne dé-
truiſent pas la ſolidité de l'action que
le Porteur d'une Lettre de change a
contre les Debiteurs; au contraire,
l'on peut y remarquer les principales
proprietez de l'action ſolidaire, dans
leurs diſpoſitions, en ce qu'elles permettent de ſaiſir les effets de tous les
Debiteurs, comme dans les actions
ſolidaires, & qu'elles laiſſent au Porteur la liberté de commencer ſes
pourſuites, ou par l'Accepteur, ou

Q ij

par le Tireur, ou par les Endoffeurs,
ou par tous enfemble, qui font des
qualitez naturelles de l'action folidaire : Et comme les difpofitions de
ces articles font generales, fans reftriction ny diftinction, fi les Debiteurs fubfiftent, ou s'ils font faillis,
la reftriction propofée, que ces articles ne doivent être entendus que
quand les Debiteurs exiftent, & non
quand ils font faillis, n'eft pas conforme aux termes des difpofitions qu'ils
contiennent, qui font generaux ; &
qui par confequent, *Generalia genera-*
liter intelligenda funt. Gottoff. in L. 1. §.
1. ff. de legat. preft. ⸳⸳⸳⸳⸳⸳⸳⸳⸳⸳⸳⸳

Quintò, Il ne faut pas qualifier les
garanties aufquelles les Donneurs
d'ordre & les Tireurs font obligez,
du nom de garanties fimples, parce
que ce font des veritables garanties
formelles de fournir & faire valoir
mêmes fans difcuffion ; les autoritez
cy-deffus l'établiffent, puifque fuivant ce qui a été rapporté, le Tireur
& les Donneurs d'ordre font obligez
jufques à ce que le payement de la
Lettre de change ait été entierement

accomply ; & les articles 15. & 16. du titre des Lettres de change de l'Edit de commerce levent toute la difficulté : car l'article 15. décharge les Tireurs & Donneurs d'ordre de la garantie de fournir & faire valoir, si les Porteurs n'ont pas fait les diligences portées par les articles precedens ; & l'article 16. oblige les Tireurs & Donneurs d'ordre à prouver que l'Accepteur avoit le fonds pour payer, sinon à garantir la Lettre de change, qui est l'effet de la garantie simple. Par toutes ces considerations : LE CONSEIL EST D'AVIS, que l'action du Porteur d'une Lettre de change contre le Tireur, le Donneur d'ordre & l'Accepteur, n'est pas moins solidaire que si elle procedoit d'une obligation & stipulation conjointe, avec les termes, solidairement un seul pour le tout, sans division ny discussion, avec renonciation à tout benefice de Droit.

Sextò, Il n'estime pas que les divers motifs qui sont proposez puissent produire aucune obligation au Porteur de changer la qualité de son action ; & au lieu du droit de poursuivre tous les Debiteurs folidairement , de fe renfermer à en choifir un feul , fans pouvoir agir contre les autres.

Parce qu'à l'egard du bien gene- ral , l'on ne peut pas dire que l'action folidaire du Porteur d'une Lettre de change proteftée faute de payement , étant exercée par les regles contre tous les Debiteurs , elle produife au- cun préjudice au bien general ; & mê- me quand il feroit vray que le public fouffrit du préjudice en cela , ce que non , comme l'on ne pourroit pas ref- traindre les droits du Porteur , qui font établis par plufieurs Loix & par un Edit , comme il paroît par ce qui a été dit cy-deffus , fans abroger ces Loix & cet Edit ; cela ne fe pourroit pas faire fans l'autorité fouveraine , quelque fpecieux que parut ce bien. Il y a deux exemples de cette verité: Le premier par l'Edit du mois d'Aouft 1606. pour la validité de l'obligation des femmes , fans renonciation au Se- natus-Confulte Velleyen , & autres Loix en leur faveur, qui en a pronon- cé une abrogation expreffe. Et le fe- cond par la Declaration du mois d'A-

vril 1664. qui a prononcé l'abrogation de la Loy Julie du fonds dotal
dans les provinces de Lionnois, Fo-
reſt, Beaujollois, & Mâconnois ; mais
tant qu'il n'y a point d'Edit qui approuve & legitime le pretendu bien
general, il n'eſt pas permis de le pré-
ſumer contre la Juriſprudence ordinaire.

La maxime que tous les Creanciers
Chirographaires doivent être égaux,
tirée de la Loy 7. *Cod. de bonis aut. jud.*
ne peut empecher le Porteur d'une
Lettre de change proteſtée faute de
payement, d'exercer ſon action ſolidaire contre tous les Debiteurs, parce que d'une-part cette maxime n'a
pas lieu contre les Creanciers, qui
ont pris plus de ſeuretez que les
autres, ſoit par des gages, ſoit par
des cautionnemens, ou autrement ;
c'eſt une diſpoſition trivialle du
Droit, *L. pro debito, Cod. de bonis
aut. jud. poſſit L. 10. L. 11. ff. de Pigno-
r. bus & Hyp. L. 7. ff. de diſtract. pig. &
L. 9. Cod. qui potiores.* Les Coûtumes
de Paris article 181. & autres : Elle
n'a pas non plus lieu contre les Crean-

ciers privilegiez. *L. 55. §. 1. ff. Mandati;* ce qui eſt confirmé par l'article 8 du titre des faillites & banqueroutes de l'Edit de commerce ; ainſi le Porteur de Lettre de change ayant plus de feuretez qu'aucun Creancier particulier de chacun des Debiteurs. Cette maxime ne peut luy être oppoſée ; & même pour en faire l'application, il faudroit admettre ce Porteur de Lettre de change dans chaque contribution, parce qu'il y a pluſieurs corps de Creanciers réellement diſtinéts & ſeparez, de chacun deſquels corps le Porteur de la Lettre de change eſt inconteſtablement un membre, puiſque le Debiteur, qui eſt le ſujet de ce corps, luy eſt ſolidairement obligé. Or il eſt certain que la maxime s'applique à chaque membre, & qu'elle s'applique dans tous les corps, & la pratique doit être que dans la contribution du principal Debiteur, qui eſt le Tireur ou l'Accepteur, le Porteur y entre pour le tout, & dans celle de l'autre pour le reſte, deduction faite de ce qu'il aura reçu, & dans la contribution du

Donneur d'ordre pour le reste, les
deux déductions faites ; car c'est ainsi
que l'on doit entendre cette maxime.

Les abus resultans du fait rapporté pour exemple, ne peuvent pas produire de consequence generale, parce que d'un côté ces abus ne peuvent
être commis que dans les signatures
des contracts, qui n'est pas le cas dont
il s'agit ; d'autre côté, ces abus sont
purement accidentels, & du fait des
Parties qui pouvoient aisément les
éviter & s'en garantir, & même le
mal qu'ils peuvent produire n'est pas
sans remede, le Donneur d'ordre pretendant que la signature que le Porteur faisoit de son contract d'accord,
étoit une retrocession, de la Lettre de
change ; pour luy ôter les moyens de
commettre ces abus, il n'avoit qu'à se
la faire délivrer, & canceller son ordre, le Porteur sans titre n'auroit pas
pû agir contre l'Accepteur ny contre
le Tireur : Le Porteur de la Lettre de
change d'autre-part, pretendant que
sa signature du contract d'accord du
Donneur d'ordre ne l'empêchât pas
d'agir contre le Tireur & l'Acce-

pteur, il devoit faire une reserve expresse dans ce premier contract, que
sa signature ne dérogeroit point à ses
droits ; mais peut-être s'ils s'étoient
expliquez aussi clairement , le contract n'auroit pas été signé, & de même aux autres contracts, si cette conduite naturelle & commune avoit été
suivie , ces abus n'auroient pas été
commis ; & en l'état que le fait est
rapporté , le Porteur de la Lettre de
change ayant signé purement & simplement le contract du Donneur d'ordre, sans aucune reserve , il ne peut
pretendre que la moitié qui luy est
promise par ce contract , parce que
par le contract d'accord, l'ordre de
la Lettre de change, qui étoit la premiere cause de l'obligation du Donneur d'ordre , *ita nova constit. ut prior pe-*
rimatur, L. 8. ff. de novat. ne subsiste plus;
car le Porteur , qui par la premiere
obligation auroit droit de poursuivre
pour le tout sans delay , & de saisir
les effets du Donneur d'ordre , s'en
départ par le contract d'accord, & se
contente que dans le temps accordé
le Donneur d'ordre luy paye la moi-

tié convenuë ; d'où il s'enfuit que le
Porteur ne peut pas retenir en fes
mains la Lettre de change, qui n'eft
plus un titre pour luy ; & que quand
elle paíferoit pour un gage, il feroit
liberé par la novation réfultante du
contract d'accord. *L. 11. §. 1. ff. de pign.
&c. & L. 8. ff. de nov.* & le Donneur d'ordre peut repeter, & pourfuivre la reftitution de fon gage. *L. 1. §. 6. ff. de oblig.
&c.* fans que le Porteur s'en puiffe défendre, fous.pretexte que dans le contract d'accord il n'a pas déclaré qu'il
confentoit à une novation, & fe prévaloir de la Loÿ derniere. *Cod. de no-
vationibus* , parce que d'une-part la
Jurifprudence du Royaume a abrogé
cette Loy. Charondas livre 7. des
Réponfes Chapitre 74. Bugnion des
Loix abrogées Livre 6. numero 62.
& d'autre-part, dans tous les pays où
cette Loy n'eft pas formellement fup-
primée, la novation conjecturalle eft
reçuë, quoi-que l'on ne l'ait pas déclaré dans le contract : *Nam Doctores
omnes fatentur hodie novationem , etiam
induci ex vehementibus , feu perfpicuis con-
jecturis, quod fine dubio locum habet, quando ultimus contractus cum primo non com-*

patitur, tunc enim posteriora derogant prio-
ribus. L. pacta novissima, Cod. de pactis
Mantica de tacit. & ambig. convent. L. 17.
tit. 3. num. 12. & 13. Faber. Cod. lib. 8.
tit. 29. defin. 11.

Pour ce qui est du droit de retrocession de la Lettre de change qui appartient au Donneur d'ordre, quand
il est l'objet des pourfuites du Porteur, l'on n'en peut pas conclure une
necessité d'opter par le Porteur generalement, de quelque maniere qu'il
veüille agir, ou judiciairement, ou
en fignant, & confentant les contracts
d'accords, & dire ; ou en retrocedant
au Donneur d'ordre, il ne luy refte
plus d'action ; ou en voulant agir contre les garants du Donneur d'ordre,
il ne peut pas retroceder la Lettre ; &
par confequent il ne peut pas agir
contre le Donneur d'ordre, & ainfi à
l'égard des autres : car ce raifonne-
ment eft défectueux, parce que tant
que le Porteur ne fera rien que judiciairement, le Donneur d'ordre n'a
point de droit de retrocession qu'entant qu'il paye entierement le Porteur. *Fidejussori folventi folidum ceden-*
da eft actio contra fidejufforem. Paul. in

summar. L. 17. & Gottoff. indicta. L. ff. de fidejafforibus ; mais lorfqu'il ne paye pas entierement le Porteur de la Lettre de change, il a droit de pourfuivre les autres obligez jufques à fon entier payement; & pourvû que par des dénonciations de ces pourfuites au Donneur d'ordre & autres, avec les proteftations, que c'eft aux rifques de fes obligez qui peuvent y avoir interêt, avec fommation de les faire valoir fi bon luy femble, fuivant la Loy 53. § 1. *ff. de evictionibus.* Le Porteur n'eft obligé que de tenir compte de ce qu'il en reçoit, & peut demander le refte; de même que quand un Creancier a difcuté le principal Debiteur avant la Caution, du vû & du fçû de la caution, & que le principal Debiteur ne fe trouve pas fuffifamment folvable, pour lors le Creancier n'eft pas obligé de faire aucune retroceffion à la Caution; & il ne laiffe pas d'avoir droit d'agir contre la Caution pour le furplus: Que fi le Creancier commence à agir contre la Caution; & qu'elle ne le paye pas entierement, il n'eft pas ob-

ligé de retroceder aucune partie de
l'obligation du principal Debiteur,
jufques à ce qu'il foit entierement
paye; aprês quoy, & non auparavant,
il eft obligé de retroceder à la Caution le refte de la dette, qu'il n'a pas
exigée de ceux qui font garants de
cette Caution; mais fi le Porteur a
figné quelque contract de l'un des
Debiteurs contre qui le Donneur
d'ordre a droit de recours, fans en
être convenu avec ce Donneur d'ordre, & fans être d'accord que c'eft
fans préjudice des actions qu'il a contre luy. Il n'y a pas de doute que par
fon fait & par fa faute, les Droits
de la Lettre de change n'étans plus
en entier, la ceffion feroit imparfai-
te, & le Donneur d'ordre fe défen-
dra à jufte titre, par l'exception du
défaut de ceffion d'action, & pour
lors ce n'eft point par option faite par
le Porteur qu'il a perdu fes actions
contre le Donneur d'ordre & autres;
c'eft par fa faute, pour avoir par fon
fait volontairement, & fans partici-
pation ny pouvoir, difpofé des droits
d'autruy.

L'ufage ne paroît pas étably, ny par des titres, ny avec des circonftances affez precifes pour paffer pour conftant, & pour fervir de fondement à la decifion du droit des particuliers, d'autant plus que dans ce pretendu ufage de contraindre un Porteur de Lettre de change proteftée faute de payement, lorfque tous les Debiteurs font faillis, d'en opter un, & abandonner les autres ; l'erreur & l'abus paroiffent l'avoir introduit, & non pas la raifon, comme dit la Loy 39. *ff. de Legibus;* de maniere que s'il étoit bien conftant qu'il y eut un tel ufage, il faudroit ne le plus fuivre, parce qu'encore que l'ufage foit de quelque autorité, ce ne doit pourtant pas être jufqu'à ce point, *ut rationem vincat, aut legem.* L. 2. *Cod. quæ fit longa confuetudo:* Auffi la Cour n'hefite pas lorfque l'on éclaïrcit les abus de quelques ufages introduits dans la Jurifprudence, même du commerce, de les corriger : Il y en a deux exemples dans le commerce du païs de Droit écrit, fur ce que dans les contracts de mariage, qui au lieu de Commu-

nauté entre mary & femme, portent
donnation à la femme d'un augment
de moitié par deſſus ſa dot, en cas de
ſurvie.

L'uſage s'étoit introduit, qu'en cas
de faillite du mary, la femme en re-
prenant ſes biens dotaux ſe faiſoit
auſſi adjuger des biens pour ce droit
d'augment, en donnant caution de
rapporter aux Creanciers de ſon mary failly, en cas qu'elle vint à préde-
ceder. Il y a eu pluſieurs Jugemens
& Arreſts qui l'ont ainſi ordonné ; &
cela a été executé juſques en l'année
1668. que des Creanciers mieux inſ-
truits de leurs droits ont repreſenté,
que par les termes du contract de mariage, qui eſt le titre de la femme &
la Loy des Parties, la jouiſſance du
fond de cet augment n'étoit pas donné à la femme pendant la vie du mary ; que par conſequent cette jouiſſance étant un effet du mary ſa vie
durant, ſes Creanciers en doivent
être ſaiſis ; que tout uſage contraire
aux conventions des contracts étoit
un abus contraire aux Loix & à la
raiſon ; que bien loin de ſuivre il
falluit

falloit abroger : Et par tous les Arrests intervenus depuis, la Cour a
toûjours ordonné que les Creanciers du mary joüiroient du fonds de
l'augment pendant la vie du mary,
en donnant Caution de le rendre à la
femme en cas de predeceds de son
mary. Arrest du 6. Septembre 1670.
entre Marguerite Carcavi, femme se-
parée de biens de Claude Bertier &
Antoine Guibert, & autres Creanciers dudit Bertier. Arrest du 19.
Juillet 1672. entre Antoinette Met-
tare, femme autorisée par Justice au
refus de François Badol, Loüis Raf-
felin & autres Deputez des Creanciers dudit Badol. Arrest du cinquiéme Septembre 1672. entre les Peres
Jesuittes du Noviciat d'Avignon &
autres Creanciers de Cesar de Ferra-
ry, & Françoise Orset sa femme.

L'autre exemple est sur une exten-
sion du privilege de preference à tous
Creanciers, accordé par divers Arrests aux femmes en païs de Droit é-
crit, pour le payement de leur dot &
augment sur les meubles de leurs maris, en cas de déconfiture : car les oc-

R

cafions s'étant prefentées, il s'étoit introduit un abus de preferer les femmes pour leurs dots & augments, fur les effets des focietez dans lefquelles leurs maris étoient affociez, aux Creanciers de ces Societez, à proportion de la part aferante à leurs maris. Le fondement de cet ufage étoit principalement fur la fuppofition d'un faux principe ; que les effets de la Societé appartiennent à chacun des Affociez, fuivant la part & portion qu'il a dans la Societé, autrement ils n'appartiendroient à perfonne ; ce qui ne peut être : Et fur ce faux principe, l'on adjugeoit à ces femmes des effets de la Societé pour la portion de leurs maris ; ce qui a été pratiqué jufqu'au mois de Janvier 1676. qu'il y a eu appel en la Cour de trois Sentences de la Confervation de Lyon, où la fauffeté de ce principe ayant été démontrée par les Creanciers de la Societé, & fait voir que les Affociez n'ont aucune propriété divife des effets de la Societé, que par un partage ; que ce partage ne pouvoit être fait qu'après que les dettes de la Societé étoient

payées. *L. 27. & 28. ff. pro Socio*, parce
que la Societé n'a point de biens qu'a-
près la déduction de ce qu'elle doit.
*L. subsignatum §. bona & L. princeps bo-
na ff. de verb. sing.* Et par consequent
que ces femmes des Associez qui ve-
noient du chef de leurs maris, ne
pouvoient pas avoir plus de droit qu'-
eux, ne pouvoient prétendre qu'ils
eussent aucune portion des effets de
la Societé, que les dettes de la Societé ne fussent payées ; que la raison &
le bon sens faisoient bien voir que les
effets de la Societé ne pouvoient pas
appartenir à chacun des Associez, suivant la part & portion qu'il a dans la
Societé ; car en acheptant des marchandises ou autres effets pour la Societé, tous les Associez sont solidairement obligez au payement du prix
qu'elles coûtent, & par consequent la
proprieté en doit être solidaire & in-
divise, autrement il y auroit de l'injustice ; parce que si chaque Associé
avoit sa portion en particulier, celuy
qui n'auroit point de bien pourroit
disposer de sa part à sa volonté, &
les autres pourroient être contraints

R ij

folidairement au payement du tout,
quoi-qu'ils n'euſſent pas la proprieté
du tout ; ce qui ne peut pas tomber
dans le ſens : Et enfin, la Cour éclaircie de l'abus de cet uſage, jugea qu'il
ne devoit plus être ſuivy ; & par Arreſt du 25 Janvier 1677. elle ordon-
na que les Creanciers de la Societé
feroient payez par preference aux
femmes des Aſſociez ſur les effets de
la Societé. Monſieur de Fourcy Preſident en la troiſiéme des Enqueſtes,
Monſieur Portail Rapporteur.

La Cour paſſe plus avant ; car
encore que les peuples veüillent s'ob-
ſtiner à garder les diſpoſitions de
quelques articles de Coûtumes contre la diſpoſition generale des Edits
faits par les Roïs pour tout le Royaume, elle ordonne preciſément l'execution des Edits dans les païs regis
par ces Coûtumes contraïres, & qu'à
cette fin ces Arreſts feront lûs, publiez, l'Audience tenant, & enregiftrez aux Sieges ; & enjoint aux Sub-
ſtituts du Procureur General, & aux
Procureurs Fiscaux des Juſtices des
Seigneurs de tenir la main à l'execu-

tion: C'eſt ce qui a été ordonné par
Arreſt du 7. Septembre 1688. rendu
entre Jean de la Faye & autres; d'u-
ne-part, & Hilaire Charles Piet, Sei-
gneur de Beaurepaire, d'autre-part,
par lequel l'article 486. de la Coûtume d'Anjou eſt abrogé.

Pour ce qui eſt des Jugemens & Arreſts par leſquels l'on prétend qu'il a
été jugé, que le Porteur d'une Lettre
de change proteſtée faute de payement, n'avoit que l'option & le choix
de l'un des Debiteurs de la Lettre de
change, contre lequel il pût exercer
ſon action. L'on n'eſtime pas que l'on
doive y avoir aucune conſideration
aux termes que les choſes ſont rapportées, parce que ce ne ſont pas des
jugemens & Arreſts qui ayent été rendus ſur les Remontrances & Con-
cluſions de Meſſieurs les Gens du
Roy, qui portent la clauſe qu'ils ſeront lûs, publiez & enregiſtrez dans
les Greffes des lieux pour ſervir de
Loy, comme ceux rapportez par Monſieur Bouguier, lettre D. numero 14.
lettre E. numero 1. lettre S. numero
16. lettre T. numero 5. par Robert Li-

R iij

vre 2. Chapitre 10. par le Sieur Savary, dans fes avis & confeils, au parere
16. d'autant plus confiderable en ce
fait ; que cet Arreft qui eft du 21. Mars
1681. étoit pour fait de Lettre de
change, & par plufieurs autres; car les
Jugemens & Arrefts rendus entre particuliers dans le cours ordinaire,
l'on ne les doit recevoir comme préjugez, qu'en tres grande connoiffance
de caufe, & que par le détail du fait
& de l'inftruction, l'on ne puiffe être
bien penetré qu'ils ont été rendus par
les maximes des Loix : *Cum non exem-
plis, fed Legibus judicandum fit. L. 13.
Cod. de Sentent. & interloc. omnium judic.*
Et que par la comparaifon des faits
jugez par les Jugemens que l'on rapporte avec le fait à juger, l'on ne con-
noiffe qu'il n'y a point de difference
qui merite un jugement different.

Refumant donc de ce qui a été remarqué cy-deffus, que Thomas a une
action folidaire contre tous les Debiteurs de la Lettre de change.

Qu'il n'y a aucun bien general, &
que même ce n'eft par le cas de le preferer.

Que l'égalité entre les Creanciers d'une faillite se rencontre parfaitement dans l'exercice de l'action solidaire contre tous les Debiteurs de la Lettre de change.

Que les abus alleguez sont purement personnels, accidentels, faciles à éviter & à reparer.

Que le prétendu usage de l'obligation d'opter, comme contraire aux Loix & à l'équité ne doit être suivy.

Et que les Jugemens & Arrests prétendus donnez en cas semblables, dont le fait, l'instruction, ny par consequent la parité n'est pas connuë, ne peuvent être considerez.

LE CONSEIL estime que ledit Thomas est tres-bien fondé, & ne peut être empêché d'agir solidairement contre tous les Debiteurs de la Lettre de change.

Secondement, en ce qui regarde la conduite à tenir, l'on suppose :

Primò, Que Thomas a fait faire le protest faute de payement le 26. Avril 1688. au plûtard, auquel jour échoyent les dix jours déterminez par l'article 4. du titre 5. de l'Edit

de commerce, à compter du lendemain de l'écheance, suivant la Declaration du Roy du 10. May 1686. car
il n'a pas dû se dispenser de cette for-
malité, quand même l'Accepteur auroit fait faillite avant l'echeance,
parce que le protest est une diligence necessaire qui ne peut être sup-
pléée par aucun autre acte, suivant
l'article 10. du même titre, & qui ne
doit pas être fait prématurement. *L.*
5. Cod. de hæred. act. parce que c'est
une demande, *prepostera petitio non ad-*
mittitur. Gottoff. indicta Lege 1.

Secundò, L'on suppose encore qu'il
a commencé ses pourfuites en garantie au plus tard contre le Donneur
d'ordre le 15. May, que peut être
échû le delay de quinzaine depuis le
protest, & un jour pour cinq lieuës
au delà de dix lieuës, & dans le 26. Juin
que font échûs les deux mois contre
le Tireur, le tout suivant l'article 13.
du même titre.

Tertiò, L'on suppose encore que
bien que l'Edit de commerce ne pref-
crive aucun terme pour faire ses pourfuites contre l'Accepteur, elles n'au-

ront pas été negligées , & que contre chacun il aura conclud au payement de la Lettre de change, dommages , interêts & dépens , avec la referve expresse , que c'est sans préjudice
des droits & actions acquis contre les
autres obligez en la Lettre de change.

L'ordre le plus regulier est de commencer , par faire assigner l'Accepteur pardevant le Juge du lieu où
la Lettre de change est payable, &
conclure à ce qu'il soit condamné , &
par corps , au payement de la Lettre
de change, dommages , interêts & dépens , sans préjudice de ses droits &
actions contre le Tireur , & contre le
Metteur d'ordre , ainsi comme il verra
bon être.

Ensuite pour poursuivre le Tireur
& le Metteur d'ordre en garantie sans
confusion , le mieux est de les faire
assigner tous deux pardevant le même
Juge que l'Accepteur est assigné , &
conclure à ce que la Sentence qui in-
terviendra contre l'Accepteur, soit
déclarée commune avec eux ; ce faisant, qu'ils feront chacun condamnez

folidairement au payement du contenu de la Lettre de change, dommages, interêts & dépens.

Quoi-que le Tireur & le Metteur d'ordre foient domiciliez en d'autres Jurifdictions que celle de l'Accepteur, ils feront neanmoins bien affignez, fuivant l'article 17. du titre 12. de l'Edit de commerce, qui permet au Creancier de faire affigner au lieu auquel le payement doit être fait; ce qui eft conforme au droit commun, parce que, *Contraxiffe unus quifque in eo loco intelligitur, in qua ut folveret fe obligavit. L. 26. ff. de oblig. & act. L. 3. ff. de reb. auct. jud. poff. L. 61. ff. de fide-juff.*

Et quoi-que l'Accepteur foit titulairement le Debiteur, & que le Tireur & Metteur d'ordre ne foient que des Mandateurs de differens domiciles, ils ne laiffent pas d'être foûmis à la même Jurifdiction. *Ex perfona rei mandator forum fortitur. Gottoff. indicta L. 61. ff. de fidejuff.*

Le Porteur ne negligera pas les occafions de faifir les effets des Tireur, Metteur d'ordre & Accepteur, s'il en trouve l'occafion ; ce que le Juge faifi des conteftations pourra luy permettre, fuivant l'article 12. du titre 5. de l'Edit de commerce.

Il ne negligera pas non plus de former fes oppofitions à tous les fcellez, Inventaires & autres procedures concernant les concours & contributions, & de toûjours protefter que c'eft fans préjudice de fes droits contre les autres.

Il ne negligera pas non plus de dénoncer aux Creanciers des uns ce qui luy fera fignifié de la part des Creanciers des autres, à ce qu'ils n'en ignorent, & fe pourvoyent ainfi qu'ils verront bon. être, & toûjours fans préjudice de fes droits.

Il doit fe garder de donner aucun confentement qui puiffe préjudicier au droit d'aucun ; & s'il eft pourfuivy pour cet effet, ou pour voir homologuer des contracts, il doit d'unepart les dénoncer à fes garants qui ont interêt à ce contract, & les fommer d'y veiller, déclarant que l'évenement fera à leurs perils, rifques & fortunes ; & d'autre-part, il doit ré-

pondre, que ce qui luy eſt ſignifié regarde tels garants à qui il faut s'a-
dreſſer.

Et generalement il doit pratiquer
tout ce qui ſe fait en cas de déconfiture de pluſieurs obligez, cautions
& garants, & que l'occaſion peut rendre convenable.

Troiſiémement, en general, le Porteur d'une Lettre de change proteſtée
faute de payement ne peut pas conſerver ſon action ſolidaire contre tous
les Debiteurs, en ſignant tous, ou
quelqu'un des contracts ſimplement,
aux conditions convenuës par les autres Creanciers avec les Debiteurs,
& ſans diſcuſſion, par les raiſons cy-
deſſus expliquées; & s'il veut conſerver ſes droits, il faut abſolument qu'il
obſerve trois choſes.

La premiere, que le premier contract qu'il ſignera ſoit celuy de ſon
dernier garant, & qu'il continuë gra-
duellement en remontant par ordre
de garantie, autrement il ſe rendroit
non-recevable en traittant des droits
des derniers garants, & ſe mettant
hors d'état de les pouvoir retroceder.

La feconde chofe eft, que ce premier contract qu'il fignera porte expreffément que le confentement qu'il donne à la diminution & autres conditions convenuës avec les autres Creanciers, eft fans fe départir ny déroger aux droits & actions qui appartiennent au Porteur, contre les autres garants obligez & Debiteurs de la Lettre de change, lefquels pourront être pourfuivis aux perils, rifques & fortunes de luy Porteur, pour raifon dequoy ladite Lettre de change ne ceffera de luy appartenir; & que la fomme qui eft accordée au Porteur de la Lettre de change, comme Creancier du Metteur d'ordre, à caufe de fon ordre, eft feulement pour fe départir des droits perfonnels & actions qui font contre luy, & non autrement, & ainfi en remontant dans les autres contracts jufques à celuy du Debiteur originaire.

La troifiéme eft, que parce que le Porteur de la Lettre de change ne peut avoir droit d'exiger du Donneur d'ordre qui a failly, & traitté avec fes Creanciers fa part, que fur le refte

de ce qui luy eſt dû de la Lettre de
change, dommages, interêts & dépens, déduction faite de ce qu'il aura
reçu des autres Debiteurs garants du
Donneur d'ordre, & qu'il ſe peut faire que ces Debiteurs garants ſeront
les derniers à payer, il ſeroit bon,
pour éviter les procês qui pourroient
être intentez dans les temps, pour la
reſtitution du trop reçu, ou de convenir d'une ſomme certaine & fixe,
& que le ſurplus à recevoir des autres Debiteurs ſeroit aux perils, riſques & fortunes du Porteur, ou de
convenir, que lorſqu'il recevroit
des autres Debiteurs, ce ſeroit le
Donneur d'ordre preſent & dûëment
appellé, afin que ſi ce que le Porteur avoit reçu, ſe trouvât monter
plus que ſa portion, comme les autres
Creanciers, à cauſe des payemens
que feroient les autres Debiteurs: Le
Donneur d'ordre retirât en même-
temps ce ſurplus; & ainſi il faudroit
obſerver les mêmes choſes dans les
autres contraēts.

Déliberé à Paris ce cinquiéme Avril 1680.
Signé Perrin, & du Puys de la Serra.

Confultation de Monfieur de Fourcroy fur
le precedent Memoire.

Si la direction du Sieur Sebaftien
payoit au Sieur Thomas toute la fomme, il eft certain qu'elle auroit fon
recours fur la direction de Jacques ;
& fi celle de Jacques l'avoit renduë
à celle de Sebaftien, elle auroit recours fur celle de Barthelemy.

Il faut raifonner d'une partie comme
du tout, fi par l'évenement de la contribution la direction de Sebaftien
paye par exemple trois mille liv. fur
douze mille livres à Thomas, elle a
fon recours pour trois mille livres fur
la direction de Jacques ; mais cela
n'empêche pas que Thomas n'ait auffi
fon recours concurremment avec elle
fur la même direction pour les neuf
mille livres reftans.

Et ce que la direction de Sebaftien
recevra concurremment avec Thomas de la direction de Jacques n'em-
pêchera pas que Thomas, pour le furplus, ne fe pourvoye fur la direction
de Barthelemy ; avec cette obferva-

tion que fur la direction de Barthelemy, celle de Jacques pour ce qu'elle aura payé, celle de Sebaftien pour
ce qu'elle aura payé, déduction faite
de ce qu'elle aura reçu de celle de
Jacques, & Thomas pour ce qu'il luy
fera dû de refte, déduction de ce
qu'il aura reçu des deux directions
de Sebaftien & de Jacques, feront
payez concurremment, & au fol la
livre, fur les effets de Barthelemy.

    Signé, DE FOURCROY.

  Il faut remarquer que puifque
Thomas n'ayant reçu dans la direction de Sebaftien que trois mille livres des douze mille livres conte-
nuës dans la Lettre de change, n'eft
pas empêché d'avoir fon recours pour
les neuf mille livres reftantes, concurremment avec elle dans la direction de Jacques, & que ce que la direction de Sebaftien reçoit concurremment avec Thomas de la direction
de Jacques, n'empêche pas que Thomas pour le furplus ne fe pourvoye
fur la direction de Barthelemy. Il
s'enfuit que Thomas entre dans les
directions de tous les Debiteurs, &
                     par

par confequent que fuivant l'avis de
Monfieur de Fourcroy , Thomas, le
Porteur de la Lettre de change, ne
peut être obligé de choifir & d'opter
la direction d'un des Debiteurs, &
d'abandonner les autres.

Il s'enfuit encore que Thomas,
Porteur de la Lettre de change exerce fon action folidairement contre
tous ; car encore qu'il ne reçoive que
trois mille livres de la direction de
Sebaftien (parce que Monfieur de
Fourcroy a fuppofe que cette direction ne payoit que le quart) qu'é-
tant entré folidairement pour le tout,
qui eft douze mille livres , en recevant le quart qui eft trois mille liv.
il eft traitté comme tous les Creanciers folidaires de Sebaftien ; ce qui
fe confirme, parce qu'il le fait entrer
concurremment dans celle de Jacques
Accepteur, pour tout le refte, qui eft
neuf mille livres, & pour le refte dans
celle de Barthelemy.

Pour la Pratique.

Monfieur de Fourcroy a pofé l'ef-

S

pece que la direction de l'Endoſſeur paye la premiere le quart, la direre-ction de Jacques l'Accepteur la ſe-conde; & la direction de Barthelemy la troiſiéme; cependant ce cas n'eſt pas certain, car il arrive tantôt que la direction du Tireur paye la pre-miere, & tantôt que la Direction de l'Accepteur paye la premiere. Et com-me d'un côté cela produit une diffe-rence conſiderable dans la maniere de raiſonner, pour peu qu'il y ait de diſpoſition à s'écarter, & que d'autre côté il faut démontrer qu'il n'y a nul-le neceſſité, même qu'il ne ſeroit pas à propos de differer à recevoir des directions qui ſont en état de payer, juſques à ce que la direction de l'En-doſſeur eut payé la premiere, & que la direction de l'Accepteur eut payé la ſeconde. Il eſt à propos de trouver un moyen par lequel la direction de l'Endoſſeur ne paye pas plus, ſoit qu'-elle paye la derniere ou la premiere; & de même que la direction de l'Ac-cepteur ne paye pas plus, ſoit qu'elle paye la premiere ou la derniere.

Il y a une obſervation à faire avant

cela qui eſt commune au Tireur & à
l'Accepteur, qui eſt de ſçavoir entre
les mains duquel des deux eſt le fonds
de la Lettre de change; car ſi ce fonds
eſt entre les mains de l'Accepteur,
comme c'eſt l'ordre, pour lors l'Accepteur eſt le principal Debiteur, &
le Tireur a un recours contre luy:
Que ſi le Tireur a encore le fonds
entre ſes mains, & que l'Accepteur
ait accepté ſur la ſeule eſperance du
rembourſement, pour lors le Tireur
eſt principal Debiteur, & l'Accepteur
a un droit de recours contre luy, comme dans l'eſpece de Monſieur de
Fourcroy.

Sur ce principe, ſuppoſé que la direction de l'Endoſſeur paye la premiere, comme a fait Monſieur de
Fourcroy, & que ce ſoit le quart des
douze mille livres, c'eſt   3000 liv.

Suppoſé que la direction de l'Accepteur paye la ſeconde, & que ce
ſoit le tiers de douze mille livres,
c'eſt quatre mille livres, dont le Porteur, Creancier en reſte de neuf mille
livres en recevra   3000 liv.

Et l'Endoſſeur Creancier de trois

mille livres par luy payez mille livres.   1000 liv.

Et fuppofé que la direction du Tireur paye la troifiéme, & que ce foit
la moitié de douze mille livres, c'eft
fix mille liv. dont le Porteur Creancier en refte de fix mille livres recevra trois mille liv. l'Endoffeur Creancier en refte de deux mille liv. recevra mille liv. & l'Accepteur Creancier de quatre mille liv. recevra deux
mille liv.

Il paroît donc que fur cette fuppofition :

Primò, Le Porteur reçoit neuf mille
liv. des douze mille liv. ainfi il perd
le quart, qui eft trois mille liv. au lieu
que s'il étoit obligé de choifir, il perdroit ou neuf mille liv. s'il optoit l'Endoffeur, ou huit mille liv. s'il optoit
l'Accepteur, ou du moins fix mille
liv. s'il optoit le Tireur.

Secundò, La direction de l'Endoffeur débourfe trois mille liv. & elle
fe rembourfe de mille liv. de l'Accepteur & de mille liv. du Tireur; enforte que cette direction ne perd que
mille liv. qui eft un douziéme.

Tertiò, La direction de l'Accepteur débourse quatre mille liv. & en retire deux mille liv. ensorte qu'elle ne perd qu'un sixiéme : ensorte qu'encore que le Porteur ait l'Endosseur & l'Accepteur pour obligez, il ne laisse pas luy seul de perdre autant qu'eux deux ensemble.

Pour revenir au moyen à trouver que les choses se passent également, soit que la direction du Tireur, ou celle de l'Accepteur payent les premieres, & qu'en aucun cas, ny le Porteur ne reçoive, ny aucun des Endosseur, Accepteur ou Tireur ne paye plus une fois qu'autre, il faut supposer encore deux cas.

L'un, que la direction du Tireur soit la premiere à payer la moitié, le Porteur de la Lettre de change de douze mille liv. recevra six mille liv.

Que la direction de l'Accepteur soit la seconde à payer le tiers, le Porteur de la Lettre de change de douze mille liv. Creancier en reste de six mille liv. recevra le tiers, c'est deux mille livres.

Il n'y a point de recours du Tireur

fur l'Accepteur, fur la préfuppofition qui a été faite que le Tireur n'a-
voit pas remis la provifion.

Que la direction de l'Endoffeur
foit la derniere à payer le quart, le
Porteur de la Lettre de change de
douze mille liv. en refte de quatre
mille liv. recevra mille liv. cy 1000 liv.

Ainfi de cette maniere le Porteur
ne recevra que neuf mille liv. comme au premier cas, le Tireur ne paye
que fix mille liv. comme au premier
cas, l'Accepteur ne paye que deux
mille liv. ce qui revient à la même
chofe qu'au premier cas, où ayant
payé quatre mille liv. il s'en rembourfe de deux mille liv. & l'Endoffeur ne paye que mille liv. ce qui de
mê ne revient à la même chofe, puifqu'encore qu'il paroiffe qu'il a dé-
bourfé trois mille liv. il en a été rembourfe de mille liv. de la part de l'Accepteur, & de mille liv. de la part du
Tireur.

L'autre cas eft, que la direction de
l'Accepteur foit la premiere qui paye
le tiers, le Porteur de la Lettre de
change recevra   4000 liv.

Que la direction du Tireur soit la seconde à payer la moitié, le Porteur Creancier en reste de huit mille liv. recevra   4000 liv.

Et l'Accepteur recevra pour la moitié de ce qu'il a payé deux mille liv.

Que la direction de l'Endosseur soit la derniere à payer le quart de quatre mille liv. en reste de mille liv.

Ainsi dans ce dernier cas, de même que dans les deux autres, le Porteur ne reçoit pas davantage.

Je suppose que le Porteur n'ait signé aucun contract, ny fait aucune chose que suivant les regles expliquées dans la premiere consultation, qui ne sont point contestées par celle de Monsieur de Fourcroy.

Consultation de Monsieur Chuppé sur le même Memoire.

LE CONSEIL SOUSSIGNE' qui a vû la Lettre de change & le Memoire estime :

Sur la premiere question, de sçavoir si dans le cas où le Tireur Barthelemy, Jacques l'Accepteur, & Sebastien

Endoſſeur ſont inſolvables , par l'a-
bandonnement qu'ils ont fait chacun
à la direction de leurs Creanciers :
Thomas Porteur de la Lettre de change eſt tenu de choiſir l'un des trois
obligez, & l'une des trois directions,

Eſtime que rien ne peut obliger
Thomas Porteur de la Lettre de
change, qui eſt le Creancier des douze mille liv. de choiſir l'un des trois
contracts de la direction de Barthelemy , Tireur, de Jacques, Accepteur,
& de Sebaſtien, Endoſſeur : La raiſon
eſt , que Thomas Creancier ayant
trois Debiteurs qui luy ſont coobligez pour la même ſomme de douze
mille liv. a droit d'agir contre les
trois , ou ſolidairement , ou chacun
pour leur part de la dette, & l'action
qu'il a contre les trois obligez ne peut
être changée par l'inſolvabilité ſur-
venuë depuis l'acceptation de la Lettre, & la ceſſion faite par Sebaſtien
Endoſſeur au profit de Thomas, l'on
ne peut pas douter que regulierement il n'ait une action ſolidaire contre Jacques qui a accepté la Lettre,
puiſqu'il eſt effectivement le Debi-

teur principal ; & défaut de Jacques
Accepteur, fuppofé qu'il fut infolvable , il y a auffi une action folidaire
contre les deux autres, contre Barthelemy Tireur , qui eft tenu de
payer, *actione mandati* ; car ayant donné ordre à Jacques, fur lequel la Lettre a été tirée au profit de Sebaftien,
il eft Mandateur ; & Sebaftien a par
confequent droit d'agir contre luy,
pour faire valoir fon Ordre ou Mandement. Thomas a pareillement fon
action contre Sebaftien, qui a mis fon
ordre, lequel doit être confideré comme une ceffion qui emporte une garantie de fournir & faire valoir les
droits cedez, laquelle , quoi-qu'elle
ne foit expreffément ftipulée , eft
fous-entenduë dans les Lettres de
change en faveur du commerce, où
l'on peut dire , *Plus fcriptum quam di-*
ctum. Ainfi fuppofé que Jacques Accepteur fut infolvable , Thomas a
une action folidaire contre le Tireur
& contre le Metteur d'ordre , s'ils
étoient infolvables.

S'il arrive que l'un & l'autre ; fçavoir, Barthelemy & Sebaftien devien-

nent infolvables , cette infolvabilité
ne peut changer ny détruire l'action
folidaire , ny le droit de pourfuivre qu'a Thomas contre ces deux
coobligez : L'infolvabilité peut diminuer le payement de la fomme de
douze mille liv. mais elle ne peut luy
ôter l'action qu'il avoit , *ab initio* contre les trois Debiteurs. Cette neceffité de choifir l'un des obligez, qu'on
dit être introduite par l'ufage & par
les Arrefts eft contraire à la difpofition du Droit Civil , & principalement à la nouvelle 99. de Juftinien ,
par laquelle le choix qu'avoit le
Creancier de pourfuivre l'un des Debiteurs a été ôtée , *Ea novella tollitur*
electio, qua datur creditoribus ut conveniat
in folidum quem volet ex reis debendi , fi
videlicet duo rei promittendi : fe nomi-
natim in folidum non obligaverint, vel fi
fe nominatim obligaverint , & omnes fol-
vendo fint & præfentes fint , quia his cafi-
bus creditor cogitur inter eos dividere actio-
nem fuam , ita ut fingulas conveniat in
partes tantum viriles , & ita plures rei pro-
mittendi , his cafibus hodie habent benefi-
cium divifionis , dit Monfieur Cujas :

Et comme par la conſtitution de l'Empereur Adrien les Cofidejuſſeurs a-voient le benefice de diviſion, auſſi les coobligez à une même dette a-voient le même privilege, & le Crean-cier avoit contre chacun d'eux ſon action : *Creditori adempta eſt electio generali conſtitutione novella 99.* Bien loin que cette election ou choix du Crean-cier ait lieu, qu'au contraire elle a été abrogée par la nouvelle, & le Creancier a ſon action contre cha-cun des obligez, pour leur faire payer leur part & portion par cette nouvel-le, dont la diſpoſition a été reçuë par nôtre uſage ; ou les Debiteurs ne ſont pas obligez ſolidairement, ou ils le ſont : Dans le premier cas, lé Crean-cier a une action contre chacun des obligez à une même dette, pour leur faire payer leur part dans l'autre, quand ils ſont obligez ſolidairement, s'ils ſont tous ſolvables, le Creancier doit diviſer, & par diviſion, il a ſon action contre chacun d'eux ; s'ils ne ſont pas ſolvables, il a ſon action ſo-lidaire contre eux, & contre les Fide-juſſeurs, parce que cette ſolidité, ou

contre les Coobligez, ou contre les
Cautions, a été principalement donnée dans le cas d'infolvabilité ; ainsi
cette neceffité qu'on veut impofer au
Creancier de choifir l'un des trois ,
ou de l'Accepteur, ou du Tireur, ou
du Metteur d'ordre, eft directement
contraire à la difpofition de droit :
Elle eft pareillement contraire à la
raifon & à l'établiffement de la fo-
cieté qui a été introduite, & qui eft
ordinairement ftipulée, pour donner
un moyen au Creancier en cas d'infolvabilité du Debiteur principal ,
d'agir & chercher fes feuretez contre les autres Coobligez, ou contre
les Fidejuffeurs, quand le Debiteur
ou les Coobligez font folvables , le
Creancier doit agir contre eux , & il
n'a d'action contre les Cautions ou
Fidejuffeurs ; mais lorfque le Debiteur eft infolvable , en ce cas, il a le
remede de la folidité contre les autres Coobligez , ou contre les Cautions.

L'Ordonnance du commerce ne
parle point de cette neceffité de choifir l'un des Obligez ou des Cautions.

L'on ne voit point pareillement d'Arrefts qui ayent autorifé cette neceffité du choix.

Pour l'ufage, s'il s'eft introduit entre les Negocians, étant contre la difpofition de Droit & contre la nature des actions folidaires qui ont été données aux Creanciers, & n'étant confirmée par aucuns Jugemens contradictoires, il doit être rejetté au droit commun.

Cela fuppofé, & que l'infolvabilité des Debiteurs conferve aux Creanciers toutes fes actions contre les Obligez & les Cautions de la fomme de douze mille liv. contenuë en la Lettre de change; il faut examiner les moyens que Thomas Porteur de la Lettre peut avoir pour le recouvrement de cette dette, & la qualité de chacun des Obligez.

Premierement, il eft certain que Jacques par l'acceptation qu'il a faite de la Lettre de change, doit être confideré comme le Debiteur principal.

Secondement, Sebaftien qui a donné fon ordre à Thomas, eft un man-

dant ou cedant de ſes droits, & doit garantir la Lettre; ainſi Thomas a l'a-
ction *Mandati* directe de ſon chef contre Sebaſtien, ou l'action utile qu'a-
voit Barthelemy le Tireur; par conſequent Sebaſtien doit être conſideré
comme une Caution ou Fidejuſſeur,
puiſqu'en Droit le Fidejuſſeur & le
Mandator ſont preſque la même choſe.

En troiſiéme lieu, Barthelemy, qui
eſt le Tireur, eſt pareillement obligé envers Thomas, puis qu'ayant
donné ſon Mandement à Jacques Accepteur de payer à Sebaſtien, Thomas exerçant les droits de Sebaſtien,
il peut faire valoir la même action
qu'avoit Sebaſtien contre Barthelemy, ainſi Barthelemy étant Mandateur eſt conſideré comme une Caution & comme un Fidejuſſeur.

Mais comme toutes ces actions de
Thomas contre tous les Obligez ſont
ſubordinées les unes aux autres;
& que regulierement l'on doit premierement agir contre le principal
Obligé avant que de pourſuivre les
Cautions ou garants.

L'on eſtime que Thomas doit diſ-

cuter Jacques, qui eſt le Debiteur
principal, auparavant que de demander rien dans les douze mille liv. contre Barthelemy & contre Sebaſtien,
qui ſont conſiderez comme des Cautions ou Fidejuſſeurs.

Quand l'on ſuppoſeroit que dans la
ceſſion que Sebaſtien a faite de ſes
droits à Thomas, il y auroit une ſtipulation tacite de garantir, fournir,
& faire valoir, ainſi que le préten-
dent les Negocians. Il eſt toûjours
veritable qu'il eſt neceſſaire de diſcu-
ter le Debiteur principal, parce que
la garantie de fournir & faire valoir
n'ôte pas la diſcuſſion : il faut donc
que Thomas agiſſe premierement contre Jacques, ou contre les Directeurs
de ſes biens abandonnez ; & entrant
dans le contract de direction & dans
les remiſes qui vont à la moitié, il re-
tirera la ſomme de ſix mille liv. Cette
premiere diſcuſſion faite, Thomas
demeure Creancier pour les autres ſix
mille liv. reſtans pour leſquels il a ſes
actions contre Sebaſtien ſon Cedant,
& contre Barthelemy Tireur, ou Cedant de Sebaſtien.

Comme Barthelemy Tireur & Sebaftien Metteur d'ordre, doivent être confiderez ainfi que deux Fidejuffeurs, & qu'entre des Cofidejuffeurs le benefice de divifion a lieu ; les Directeurs de l'un & l'autre oppoferont le privilege de divifion. L'on demeure d'accord que le Creancier a une action folidaire contre les Fidejuffeurs ; mais auffi les Cofidejuffeurs, ont une exception pour divifer la Lettre, & afin de n'en être tenus que chacun pour moitié; & ainfi entrans dans chacune de leur direction des Creanciers, Thomas, fuivant la remife qui eft demoitié ne recouvrira que quinze cens liv. de Barthelemy, & autant de Scbaftien, & la perte de l'infolvabilité, tant de Jacques principal Debiteur, que celle des Fidejuffeurs, tombera également fur les uns & fur les autres, fuivant la difpofition du Droit en l'autentique : *Hoc ita Cod. de duob. reis*, qui eft tirée de la nouvelle fufdite 99. *Ejufmodi eft natura obligationis plurium rerum debendi, ut inter eos fit mutuum periculum*; & en cela l'on pratiquera le bien gencral qu'on qu'on veut faire prévaloir à l'interêt des particuliers.

Il ne reste plus que le recours de ceux qui ont payé contre les autres.

Premierement Jacques l'Accepteur, ou la direction qui a ses droits ne peut pas avoir recours pour les six mille liv. par luy payées à Thomas, ny contre Sebastien Metteur d'ordre, ny contre Barthelemy Tireur : la raison en un mot est, que Jacques étant Debiteur principal ne peut jamais avoir de recours contre ses Cœobligez ou Cautions solidaires. La Loy *si plures* 27. §. *si fide jussor. dig. de fidejuss.* en a une disposition expresse; *qui rei loco principalis est, non potest desiderare, ut inter se & fide jussorem dividatur obligatio.*

2.o La difficulté peut être plus grande à l'égard de Sebastien, son recours ne peut être que pour quinze cens liv. qu'il a payées, il ne le peut pas avoir contre Jacques, puisque Jacques au moyen du payement des six mille liv. & de la remise du surplus est liberé. Sebastien qui est subrogé au lieu & aux droits de Thomas Creancier, n'a pas plus de droit que Thomas; & com-

T

me la dette eſt éteinte à l'égard deJac-
ques, il n'a point d'action contre luy.

Si Sebaſtien a quelque recours, ce
ne peut être que contre Barthelemy
Tireur; mais on peut dire que Sebaſtien & Barthelemy étans *Mandatores*,
ou Cofidejuſſeurs, & n'ayant point de
recours non plus que d'action les uns
contre les autres: *Si fidejuſſor creditori
ſolverit nullam habet adverſus Cofidejuſſores tenet propria obligatio,* dit Monſieur
Cujas, il s'enſuit que Sebaſtien n'a
point de recours contre Barthelemy.
Si Sebaſtien qui n'a point d'action de
ſon chef pretend exercer les droits de
Thomas Creancier, auquel il eſt ſub-
rogé pour les quinze cens liv. qu'il a
payées, Barthelemy Cooblige ou Co-
fidejuſſeur luy oppoſera l'exception
de l'inſolvabilité de tous les Obligez
à la Lettre de change, & luy dira
que la perte provenant de cette inſolvabilité tombant également ſur les
Coobligez, il doit la ſouffrir pour ſa
part & portion, ſuivant la regle *inter
reos debendi, ſeu Cofidejuſſores mutuum eſt
periculum,* qui eſt pratiquée par nôtre
uſage, & a été confirmée par les Ar-

refts, entre lefquels eft celuy de Barbedor, rapporté par Baequet, par lequel il a été jugé que Barbedor avec
trois autres à la rente de cent livres,
& ayant la fubrogation du Creancier
auquel il avoit payé le principal &
les arrerages de la rente, déduiroit
non feulement fa part, qui étoit un
quart de la rente ; mais encore le tiers
d'un autre quart de l'un des Coobligez, qui étoit devenu infolvable.

Déliberé à Paris ce 22.ᵉ Aouft 1689.

Signé CHUPPE'.

Monfieur Chuppé prouve tres-clai-
rement que Thomas Porteur de la
Lettre de change ne peut pas être obligé de choifir l'un des trois Obligez
à la Lettre de change, l'Accepteur,
l'Endoffeur, & le Tireur, & entrer
dans la feule direction d'un d'eux ;
mais que les ayans tous trois pour folidairement obligez, il peut agir contre tous.

MAXIMES.

1 Le Porteur peut repeter fon rembourfement de la Lettre de change,
acceptée & proteftée faute de paye-

T ij

ment, contre l'Accepteur, l'Endoffeur & le Tireur, même les Ordon-
nateurs de la tirer, dont il a preuve,
lefquels font tous folidairement obligez.

2 Aucun de ceux qui ont accepté,
tiré, endoffé une Lettre de change
ne peuvent être déchargez de leur
obligation, quoi-qu'ils n'ayent accepté, tiré, & endoffé que par commiffion.

3 En cas de faillite de tous les Obligez à la Lettre de change acceptée &
proteftée faute de payement, comme
le Porteur a une action folidaire contre tous, il a droit d'entrer dans chaque direction & contribution, fans
pouvoir être obligé d'en choifir ou
opter un, & abandonner les autres.

4 Le Porteur d'une Lettre de change acceptée & proteftée faute de
payement, s'il figne le contract d'un
des Obligez fans referve, fe rend non
recevable contre les autres.

5 Le Porteur d'une Lettre de change acceptée & proteftée faute de
payement, qui figne le contract d'un
des premieres Obligez, fans avoir un

confentement des derniers Obligez,
que c'eft fans préjudicier à fon action,
fe rend non recevable contre eux faute de leur pouvoir ceder l'action entiere.

6 Le Porteur d'une Lettre de
change acceptée & proteftée faute de
payement, qui eft entré dans quelque
contribution, ne peut entrer dans les
fuivantes que fucceffivement pour ce
qui luy eft dû en refte.

***

CHAPITRE XVII.

*De quelle maniere le Porteur d'une Lettre
de change proteftée faute de payment
peut exercer fes droits contre ceux
qui luy font obligez.*

1. LES Lettres de change font fi
favorables, qu'encore que ce
ne foit que de fimples écritures privées, elles ont pourtant les mêmes
droits que les titres d'execution parée; car lorfqu'elles font proteftées
faute de payement, les Porteurs peuvent d'abord obtenir la permiffion de

faifir ᵃ les effets de ceux qui y font
obligez, tels que font ceux dont il eſt
fait mention au Chapitre precedent;
c'eſt la difpofition precife de l'article
12. du titre 5. de l'Edit de commerce.

2 Ce qui s'obſerve non ſeulement
en France, par la difpofition de l'E-
dit de commerce à Gennes & à Boulogne par celle de leurs Statuts ᵇ; mais
encore dans toutes les places par une
coûtume generalement reçuë; comme fondée fur l'utilité publique.

3 Ceux qui font obligez au payement ou à la garantie de la Lettre de
change proteſtée faute de payement,
y peuvent être contraints par corps ᶜ;

---

*a Les Porteurs pourront auſſi par la permiſſion du Iuge
faiſir les effets de ceux qui auront tiré ou endoſſé les Lettres, encore qu'elles ayent été acceptées, même les effets
de ceux fur lefquels elles auront été tirées, en cas qu'ils
les ayent acceptées.* Edit de commerce titre 5. article 12.

b Loquendo de jure municipali locorum concludo quod
inſtrumenta, apodiſſæ & Litteræ cambii habent expreſſa
difpofitione executionem paratam, ut ex ſtatutis Genuæ &
Capitulis Bononiæ, & quotquot extant ſtatuta de Cam-
bus, tribuant executionem paratam.

Loquendo de confuetudine etiam geneiali concludo,
idem quod habent executionem paratam. *Scaccia* §. 7.
Gloſſa. 5. *num.* 3. 4.

*c Ceux qui auront ſigné des Lettres ou Billets de Change
pourront être contraints par corps, enfemble ceux qui y
auront mis leur aval.* Edit de commerce titre 7. article 1.

c'eſt la diſpoſition de l'article 4. du
titre 34. de l'Ordonnance du mois
d'Avril 1667. & de l'article premier
du titre 7. de l'Edit de commerce.

4. Et cela ſe pratique ainſi par tout;
mais il en eſt de même que des choſes trivialles & d'une connoiſſance
commune, dont les Auteurs negligent
de tranſmettre la preuve à la poſteri-
té.

5 Pour ce qui eſt de l'action hypo-
thecaire, quoi-que Maître Eſtienne
Clerac Avocat au Parlement de
Guyenne, diſe dans ſon Traité de
l'uſage du negoce ou commerce de la
Banque des Lettres de change, Chapitre 6. nombre 8. que les proteſts
faits en autre Royaume portent hypotheque, & produiſent interêts en
France du jour & datte d'iceux, Jugé
par Arreſt de la Chambre de Guyenne du 26. Mars 1646. entre Bernard
Sichigarai & Jean Barriere Bourgeois
de Bordeaux, Demandeurs en Requeſte & en execution d'Arreſt, &
Iſaac Bardeau auſſi Bourgeois & Marchand de Bordeaux, Monſieur Mouſ-
nier Rapporteur, Monſieur de Gour-

gues Preſident : Neanmoins comme il
n'en rapporte pas le fait qui peut a-
voir determiné cette Chambre par
des circonſtances particulieres, n'a-
yant point trouvé d'autres Arreſts
ſemblables, j'aurois peine à établir
par cet exemple une Juriſprudence
generale, & contraire à celle du droit
commun, ſuivant laquelle les Lettres
de change ne produiſent pas d'hypotheque d.

6. Ce n'eſt pas qu'au ſentiment de
Nicolas de Gennes, il y a quelques
places qui ont des Statuts particuliers qui accordent l'hypotheque e en
vertu des Lettres de change, comme
à Milan ; mais il ſeroit à deſirer de

d Altera ſuccedit hic dubitatio, & eſt an pro Litteris
ipſius Cambii competat regulariter privilegiu n hypothe-
cæ ; cui quidem difficultati ſatisfaciendo rem de jure com-
muni pro negativa eſſe definitam apperte concludito.
Sic in terminis docuit Pet. Surdus. *Conſ. ſuo* 499. *num* 2 in
4. &c. Nicolaus à Genua de ſcriptura privata de Litteris
Cambii. *Quæſt.* 2 *num.* 1.

e Dixi autem (rem pro negativa definitam jure com-
muni inſpecto) quoniam ex conſuetudinibus & ſanctio-
nibus particularium, locorum ſecus definitum eſt.

Ex novis conſtitutionibus Mediolani (ut ab his exhor-
diar) de quibus ſub. tit. off. *Abb in § eo amplius lib.*
5 Conceſſa eſt procul dubio hypotheca pro Litteris ipſius
cambii veri & realis. Nicolaus à Genua de ſcriptura privata de Litteris cambii. *Quæſt.* 2. *num.* 6. & 7.

voir les termes dont ces Statuts s'ex-
pliquent, pour sçavoir si cette hypotheque est du jour de la datte
de la Lettre, ou du jour du protest,
ou du jour de la reconnoissance; car
en France il en est comme de toutes
les autres écritures privées, qui ne
portent hypotheque que du jour de la
reconnoissance, ou de la negation faite en jugement, suivant les articles
92. & 93. de l'Ordonnance de 1539.

7 Et parce que l'écriture privée
& signature du Tireur, & celle de
l'Accepteur sont differentes, de même que celle des Endosseurs, l'hypotheque ne peut pas avoir lieu contre
l'Accepteur & les Endosseurs du jour
de la reconnoissance ou denegation
du Tireur; mais seulement contre
chacun; du jour de la reconnoissance ou denegation respective de chacun.

L'on peut tirer trois maximes de ce
Chapitre.

MAXIMES.

1 Le Porteur d'une Lettre de change protestée peut par la permission

du Juge faire faifir les effets de tous
ceux qui y font obligez.

2 Tous ceux qui font obligez au
payement ou à la garantie d'une Lettre de change proteftée faute de payement, peuvent y être contraints par
corps.

3 La Lettre de change proteftée
faute de payement ne peut porter
d'hypotheque contre chacun des obligez, que du jour de la reconnoif-
fance ou dénegation refpective de la
fignature de chacun.

CHAPITRE XVIII.

Des Billets de change.

1 L'USAGE des Billets de change n'eft pas frequent dans les
places etrangeres; & ce qui fait qu'il
a grand cours à Paris, c'eft que c'eft
un moyen aifé pour trouver de l'argent dans le befoin, parce que ces
Billets ont le même privilege pour
leur execution que les Lettres de
change; mais plufieurs perfonnes fe

trompent, croyant que tous Billets payables au Porteur ou à ordre, & pour valeur reçuë, font Billets de change ; cependant il est tres-certain que ce ne font pas-là les qualitez essentielles des Billets de change.

2 L'article 27. du titre cinquiéme de l'Edit de commerce, porte precisément qu'un Billet, pour être un Billet de change, doit être caufé pour Lettres de change fournies, ou qui le devront être f, ainsi ce n'est que la cause qui fait l'essence d'un Billet de change.

3 Et même il ne suffit pas qu'il porte indistinctement pour Lettres de change fournies g, il faut qu'il fasse mention précise sur qui elles auront été tirées, à qui elles font payables, & en quel temps, de qui, & de quelle maniere la valeur en est déclarée, suivant l'article 28. du même titre. Il

f *Aucun Billet ne fera reputé Billet de change, si ce n'est pour Lettres de change qui auront été fournies ou qui le devront être.* Edit de commerce titre 5. article 27.

g *Les Billets pour Lettres de change fournies feront mention de celuy sur qui elles auront été tirées, qui en aura donné la valeur, & si le payement a été fait en deniers, marchandises ou autres effets, à peine de nullité.* Edit de commerce titre 5. article 8.

est vray que cet article ne s'explique
pas tout-à-fait ainsi ; mais il faut l'entendre en ce sens, parce que si la valeur des Lettres de change fournies
avoit été payée, il n'y auroit pas lieu
à un Billet de change qui ne se fait
pour Lettres de change fournies, que
lorsque la valeur en est dûë. Pour
donner une idée claire & distincte
d'un Billet de change pour Lettres de
change fournies, il faut en mettre un
exemple.

EXEMPLE.

Pour la somme de 3000 livres que je pro-
mets payer dans un mois à Monsieur
ou à son ordre, pour Lettre de change qu'il
m'a fournie payable par
d'Amsterdam à deux usances, la valeur dé-
clarée comptant. A Paris le de
1687. Signé N.

4 Les Billets de change pour Lettres de change à fournir ʰ doivent faire mention du lieu où elles devront

---

ʰ *Les Billets pour Lettres de change à fournir feront*
mention du lieu où elles seront tirées, & si là, la valeur
en a été reçue, & de quelles personnes, à peine de nullité.
Edit de commerce titre 5. article 29.

être tirées , & quand elles devront
être payables, & si la valeur en a été
reçuë suivant l'article 29. du titre cinquiéme de l'Edit de commerce; il est
bon d'en donner un exemple pour en
faire concevoir une idée plus claire.

EXEMPLE.

Pour la somme de 3000 livres dont je pro-
mets fournir Lettre de change pour Lyon,
payable aux prochains payemens de
à l'ordre de Monsieur   pour va-
leur reçuë comptant de luy-même. A Paris
ce   de   1687.
Signé N.

5 Il ne suffit pas de prendre des Billets dans l'une des deux formes cy-
dessus, pour pretendre avoir le privilege des Billets de change ; mais il
faut qu'ils soient conformes à la verité , qu'il n'y ait point de simulation
ny de fixion ; c'est-à-dire, que les Lettres de change ayent été réellement
fournies, ou que la personne qui les
doit fournir soit de la qualité à pouvoir fournir des Lettres de change,
telles que celles déclarées dans le Billet ; car si véritablement les Lettres

de change exprimées dans le Billet
n'ont pas été fournies, que celuy qui
fait le Billet pour Lettres de change
à fournir ne soit pas de la qualité à le
pouvoir faire pour le lieu qui sera
mentionné qu'elles devront être payables, ces Billets n'auroient pas le privilege de la contrainte par corps, comme Billets de change, parce qu'il seroit visible qu'ils n'auroient été faits
que par simulation i, & pour donner
au Creancier un privilege de contrainte par corps, que la verité de sa
creance ne pouvoit pas luy donner.

6 Mais aussi il ne faut pas croire qu'il
n'y ait que les Negocians qui puissent
fournir & prendre des Lettres de
change, & qui par consequent puissent être sujets à la contrainte par
corps. L'experience fait voir que toutes personnes le peuvent faire, suivant la disposition de leurs affaires,
les uns peuvent tirer sur leurs fer-
miers & leurs Debiteurs, & les autres peuvent prendre des Lettres de

i In contractibus rei veritas potius, quam scriptura
perspici debet. L. 1. Cod. Plus valere quod agitur, quam
quod simulate concipitur, non quod scriptum, sed quod
gestum est inspicitur. L. 3. Cod ead.

change, foit pour payer ce qu'ils doivent en d'autres lieux, ou pour des
achapts qu'ils y veulent faire, ou autrement; c'eſt pourquoy l'article premier du titre ſept de l'Edit de commerce prononce la contrainte par
corps | indéfiniment contre tous ceux
qui auront ſigné des Lettres & Billets
de change, & reſtraint cette contrainte par corps entre Negocians & Marchands, pour les Billets pour valeur
reçuë comptant, ou en marchandiſes;
c'eſt-à-dire, qu'il faut que le Debiteur & le Creancier ſoient tous deux
Negocians ou Marchands.

7. La raiſon que l'on peut rendre
de cette diſtinction, c'eſt que l'on n'a
pas voulu donner la contrainte par
corps pour les preſts, qui a été abrogée par l'Ordonnance du mois d'A-
vril 1667. car l'on peut dire que tous

---

1 *Ceux qui auront ſigné des Lettres ou Billets de chan-*
ge pourront être contraints par corps, enſemble ceux qui
y auront mis leur aval, qui auront promis d'en fournir,
avec remiſe de place en place, qui auront fait des promeſ-
ſes pour Lettres de change à eux fournies, ou qui le de-
vront être, entre tous Negocians ou Marchands qui au-
ront ſigné des Billets pour valeur reçuë comptant ou en
marchandiſe, ſoit qu'ils doivent être aquittez à un par-
ticulier y nommé, ou à ſon ordre, ou au Porteur. Edit
de commerce titre 7. article premier.

lesBillets pour valeur reçue, lorfque le Debiteur & le Creancier ne font pas deux Negocians où Marchands font pour prefts, au lieu que ceux qui font entre Negocians où Marchands, font toûjours ou pour fouîte de compte, ou pour autres Negociations qui produifent la contrainte par corps.

Ce Chapitre fournit 4. Maximes:

MAXIMES.

1 Point de Billet de change, fi ce n'eft pour Lettres de change fournies ou à fournir.

2 Point de Billet de change pour Lettres fournies, fans expreffion fur qui elles font tirées, à qui elles font payables, & de quelle maniere la valeur en eft déclarée.

3 Point de Billet de change pour Lettres à fournir, fans expreffion du lieu où elles devront être tirées; quand elles devront être payables, & de qu'elle maniere la valeur en a été payée.

4 Point de Billet de change fi les Debiteurs ne font pas de la qualité à faire la Negociation y mentionnée, & fi elle n'eft pas veritable.

FIN.

TABLE
DES MATIERES.

A

V

à l'*Accepteur* la compenfation, le Porteur ne pouvant avoir plus de droit
que luy, ne peut l'empêcher. p. 92.
n. 7.

Explication de l'article 2. du titre 5.
de l'Edit de commerce touchant
l'*acceptation* à foy-même. p. 93. n. 11.
94. 95.

Effet du proteft fait d'une Lettre de
change *acceptée* pour payer à foy-
même.   p. 95.

Raifon de la difference de l'effet des
protefts faute d'*acceptation*. p. 85. n. 8.

Le Porteur non recevable à agir contre le Tireur, pour l'*acceptation*,
que l'*Accepteur* a faite pour payer
à foy-même.   p. 96.

Si le Porteur d'une Lettre de change
peut obliger l'*Accepteur* qui a accepté pour payer à foy-même par
compenfation avec celuy qui en a
donné la valeur, de juftifier fa
creance.   p. 98. n. 12.

Quand avant l'*acceptation* de la Lettre de change il y a une faifie entre
les mains de l'*Accepteur*, fur celuy
qui en a donné la valeur, elle ne
peut être *acceptée* au profit du Porteur.   p. 102 & 103. n. 22.

B

Des Billets de change.

L'uſage des *Billets de change* n'eſt bien frequent qu'à Paris.   p. 298. n. 1.
La facilité que *ces Billets* donnent de trouver de l'argent, & qu'ils ont pareil privilege que les Lettres de change pour leur execution. p. 298. n. 1.
Ceux qui croyent que l'eſſence des *Billets* de change conſiſte à être payable ou à ordre, & pour valeur reçuë, s'abuſent,   p. 299. n. 1.
L'eſſence d'un *Billet* de change eſt d'être cauſé pour Lettre de change fournie, ou qui le devra être. p. 299. n. 2.

V iiij

C

Du Change en general.

D

Des diligences que doit faire un Porteur
d'une Lettre de change.

Les Porteurs de Lettre de change ne
peuvent differer d'en exiger le payement, sans s'exposer aux risques des

E

Echeance de la Lettre de change.

X

F

G

GARANTIE. Les Donneurs de valeur de la Lettre de change font obligez à *garantie* quand ils demeurent du croire. p. 190. n. 4.

H

X ij

L

Lettres de change.

X iij

X iiij

cepté pour payer à foy-même par compenfation avec celuy qui en a donné la valeur, de juftifier fa creance. p.98. n.12.

Quand avant l'acceptation de la Lettre de change il y a une faifie entre les mains de l'Accepteur fur celuy qui en a donné la valeur, elle ne peut être acceptée au profit du *Porteur*. p. 102. & 103. n. 22.

Celuy qui a payé fous proteft une Lettre de change n'eft pas toûjours fubrogé dans tous les droits du *Porteur*. p. III. n. II.

Des droits du Porteur d'une Lettre de Change.

En quoy confiftent les droits du *Porteur* d'une Lettre de change proteftée faute de payement. p. 169.

Quand la Lettre de change proteftée faute de payement n'appartient pas au *Porteur*, il n'a pas d'autre droit que la reftitution des frais de proteft, & fa provifion. p. 169. n. 1.

Quand la Lettre de change appartient au *Porteur*, il peut pretendre fes dommages & interefts. p. 169. n. 2.

Y

voir pas envoyé la Lettre à celuy à qui elle eſt payable, ſur ſon deſaveu, n'y ayant pas de preuves contraires, il ne ſera pas tenù de la garantie. p. 196. n. 17.

Si un de ceux qui ont mis des ordres ou donné la valeur pour quelqu'un des ordres payè au *Porteur* de la Lettre de change proteſtéé faute de payement, il entre en tous les droits du Porteur contre le Tireur, Accepteur & Endoſſeur anterieur à luy. p. 197. n. 18.

L'action ſolidaire du *Porteur* pour la Lettre de change acceptée & proteſtée faute de payement, contre l'Accepteur, le Tireur & les Endoſſeurs, eſt univerſellement reçuë ſans conteſtation, tant qu'il y a quelqu'un de ſes obligez ſolvable. p. 197. n. 19.

Lorſque l'Accepteur, le Tireur & les Endoſſeurs ont failly, pluſieurs croyent que le *Porteur* ne peut pas exercer l'action ſolidaire contre tous ; mais qu'il doit en choiſir un tel qu'il voudra pour entrer dans la contribution qui ſera faite à ſes

change proteſtée faute de payement, parce qu'il eſt obligé de retroceder la Lettre de change à celuy contre qui il agit n'eſt pas
vraye.   p. 230. 231. & 232.
Explication & diſtinction de cette
raiſon.   ibid.
Sixiéme raiſon. Uſage prétendu qui
ne ſubſiſte pas. *Primò*, Parce que
ç'eſt une queſtion de fait non prouvé. *Secundò*, Queſtion de Droit, ſi
ce prétendu uſage eſt conforme
aux Loix, aux Ordonnances & à la
raiſon. *Tertiò*, Autre queſtion de
Droit, ſi cet uſage n'étant pas conforme à l'équité & à la raiſon, il
n'y a pas lieu de le ſupprimer.
p. 233. 234. & 235.
Septiéme raiſon. Prétendus préjugez
qui ne meritent point de réponſe.
Primò, Parce qu'il n'en paroît aucun
dans le public. *Secundò*, Parce que
quand même il en paroîtroit, s'ils
n'ont pas la clauſe d'être lûs & publiez dans les Greffes pour ſervir
de Loy, ils ne ſont d'aucune conſequence. *Tertiò*, Parce que tous les
Arreſts rendus ſimplement entre

De quelle maniere le Porteur d'une Lettre de
change proteſtée faute de payement peut
exercer ſes droits contre ceux qui luy
ſont obligez.

Les Lettres de change *proteſtées* faute
de payement,quoi-que de main privée,s'executent comme titres d'execution parée.   p. 293. n. 1.
Ce qui s'obſerve en France, à Gennes, à Boulogne, & dans toutes les
places par une coûtume generale.
p. 294. n. 2.
Les obligez à la Lettre de change *proteſtée* faute de payement, y peuvent
être contraints par corps en France, par la diſpoſition préciſe de pluſieurs Ordonnances.   p. 294. n. 3.
Ce qui ſe pratique par tout. p. 295.
n. 4.
Preſt. Difference qu'il y a entre contract de change & le *preſt.* p. 9. n. 3.
p. 10. n. 4. p. 11. n. 5. p. 11. n. 6. p. 12.
n. 7. p. 12. n. 8.
L'uſure ne peut tomber que dans le
preſt veritable ou pallié. p. 13. n. 10.

ferends, pour la décifion defquels il
faut fe regler fuivant l'ufage de la
place où il a été fait.   p. 147. n. 4.
Exemple jugé par Arreft le 28. Février 1668. p. 147. 148. 149. 150.
151. & 152. n. 4. 5. 6. 7. 8. 9. 10. 11.
& 12.

*Ufages pour les protefts des Lettres de
change.*

Des places qui font foires de change,
comme Nouë, Franckfort, Bolfan
& Sintz.   p. 157. n. 27.
Le *proteft* faute de payement d'une
Lettre de change eft indifpenfable-

R

RECHANGES. Le moyen de tirer des *rechanges* fur d'autres places que celles d'où les Lettres de change étoient originaires, étoit pratiqué en divers cas. p. 173. n. 8.

Toutes les fois que le Porteur d'une Lettre de change proteftée peut prendre fon *rechange* à moins de perte pour le Tireur, d'une façon que d'autre, le Tireur n'eft obligé de rembourfer le rechange que de la façon qui produit le moins de dommage. p. 179. n. 16.

Trois cas qui produifent plufieurs *rechanges*. p. 177. 179. n. 12. 13. 14.

Rechanges intermediaires juftifiez pour le fecond cas. p. 182. 183. n. 22. & 23.

Difcuffion & diftinction quand le *rechange* intermediaire peut êt e juftifié au troifiéme cas. p. 183. 184. & 186. n. 24. 25. 26. & 27.

Retracter. Si l'on fe peut retracter de la convention de change. p. 46. n. 1.

Z

S

V

Fin de l. Table des matieres.

3.H.

www.ingramcontent.com/pod-product-compliance
Lightning Source LLC
Chambersburg PA
CBHW061118220326
41599CB00024B/4078